AF138869

Eduard Paulus

# Die Cisterzienser-Abtei Maulbronn

Zweite Auflage

Eduard Paulus

**Die Cisterzienser-Abtei Maulbronn**
*Zweite Auflage*

ISBN/EAN: 9783744612456

Hergestellt in Europa, USA, Kanada, Australien, Japan

Cover: Foto ©ninafisch / pixelio.de

Weitere Bücher finden Sie auf **www.hansebooks.com**

# Die Cistercienser-Abtei

# MAULBRONN.

Zaisersweiher

MAULBRONN

Hohenklingen

Scheuerberg

Schmie

Massstab - 1:25000.

Lith. v. Friedr. Bohnert, Stuttg.

# Die Cistercienser-Abtei

# MAULBRONN

bearbeitet von

## Professor Dr. Eduard Paulus.

Mit 6 Tafeln in Steindruck nach Aufnahmen und Zeichnungen der Baumeister Paul
und Schneider und 230 Holzschnitten von A. Cloß, meist nach Aufnahmen und Zeichnungen
von Professor C. Rieß.

Herausgegeben vom

## Württembergischen Alterthums-Verein.

## Zweite Auflage.

Billige Ausgabe.

Stuttgart.

Verlag von Paul Neff.

1884.

Alle Rechte vorbehalten.

Druck von A. Bonz' Erben in Stuttgart.

# Inhaltsverzeichnis.

———

# Verzeichnis der Abbildungen.

## Lithographien.

## Holzschnitte.

Schon ist es Herbst, die bunten Blätter fallen
An Busch und Baum, gelöst vom Sonnenschein,
Der fließt mit holdgedämpfter Glut herein
In diese gothisch kühn gewölbten Hallen.

Feinausgeführter Bierat sproßt an allen
Den Säulenknäufen, die aus dunklem Stein,
Da schlingt sich Eichenlaub und wilder Wein,
Da sitzen Adler mit gekrümmten Krallen.

O süßes Schweigen, - um die Klostermauer
Weht leise nur der Abendwinde Schauer,
Im Garten noch die letzte Rose blüht,

Und hier der große Brunnen Perlen sprüht,
In dessen weiten, schöngeschafften Schalen
Sich Wolkenzug und Himmelsbläue malen.

Ansicht des Klosters von der Ostseite.

# Einleitung.

In der südwestlichen Seite des Stromberges, dieses in der Lücke zwischen Schwarzwald und Odenwald sich bis zu tausend Fuß über der Umgegend erhebenden Höhenzuges, mit seinen vielen reich bewaldeten Kuppen und schmalen, von der Welt abgeschiedenen, aber sommerlich warmen Thälern — liegt in dem gegen Abend, d. h. gegen die Rheinebene, sich öffnenden Salzachthale, ganz hineingezwängt in das enge Wein- und Waldthal, das Kloster Maulbronn, dessen ernste Steinbauten noch von tiefem Graben und hoher mit Thürmen besetzter Mauer umschlossen werden. Vor den Thoren hat sich, namentlich gegen Osten, meist im Laufe dieses Jahrhunderts das Dorf Maulbronn angesiedelt, (s. den Situationsplan, Taf. 1).

Selten ist eine mittelalterliche Klosteranlage so vollständig und so gut erhalten; man vermag sich noch in das klösterliche Leben mit Allem, was dazu gehörte, hinein zu versetzen, denn nicht blos die Kirche und die eigentlichen Klosterräume, auch alle die stattlichen und dauerhaften Nebengebäude, die einst den reichen Klosterhaushalt vermittelten, stehen noch aufrecht und geben uns, wie kaum ein anderes Cisterzienserkloster in Deutschland, einen Begriff von der großartigen wie heilsamen Thätigkeit dieses um die Kultur des Mittelalters hochverdienten Mönchordens.

Die Stelle zur Ansiedlung war gut gewählt; das Thal hatte Reichthum an Wasser, dem die Cisterzienser so sehr nachgiengen, an Bausteinen, Holz, und vielleicht auch schon an Wein. — Mitten im Kloster springt noch jetzt aus starken Röhrenbrunnen das beste Quellwasser, sich sammelnd in den herrlichen Laubwäldern rings umher und hindurchsickernd durch den feinkörnigen Keuperwerkstein, aus dem sämmtliche Klosterbauten errichtet wurden, und in dem noch jetzt die ergiebigsten Steinbrüche angelegt sind; und eine starke halbe Stunde weiter unten im Thal erhebt sich gegen Süden geneigt der Elfinger Berg, an dem einer der edelsten Weine gedeiht. Schon zur Zeit Kaiser Karls des Großen bestand am Fuß dieses Berges eine Ansiedlung (seit 789 in Schenkungsurkunden des Klosters Lorsch genannt) Maulfesheim, jetzt Elfinger Hof, und es ist möglich, daß schon vor Gründung des Klosters hier Wein gebaut wurde; jedenfalls aber weiß man, daß schon einer der Gründer des Klosters, Bischof Günther von Speier, durch seine Mönche, denen der Genuß des Weines nicht ganz versagt war, den Elfinger Berg des Weinbanes halber terrassenförmig anlegen ließ. Auch in andern dem Kloster geschenkten benachbarten Orten geschah damals ein Gleiches.

Das Klima des Thales ist sehr mild, doch ist die Luft etwas feucht, weil das enge Thal von großen Waldungen umgeben wird und gerade gegen Westen, also gegen den Regenwind, offen liegt, und weil ferner die Mönche rings um das Kloster Weiher anlegten, theils der Fischzucht halber, weil ihnen das Fleisch vierfüßiger Thiere verboten war, besonders aber aus landwirthschaftlichen Gründen, um ihr weit verzweigtes, zum Theil noch erkennbares Bewässerungsnetz damit speisen zu können. Von den zahlreichen meist sehr ausgedehnten Weihern, die stufenweise übereinander lagen, bestehen noch vier; einer unterhalb des Elfinger Hofes, der große Aalkistensee, und drei oberhalb des Klosters, einsam im Wald oder an Ackerfeldern liegend. Der nächste am Kloster breitet sich gerade oberhalb desselben aus, wo ein mächtiger Damm das Thal quer durchsetzt. Es ist der „tiefe See", vielleicht zum Theil aus einem von den Mönchen ausgebeuteten Steinbruch entstanden; sein Wasserspiegel liegt um ein Gutes höher als der Boden, worauf die Klostergebäude stehen, und es macht einen seltsamen Eindruck auf den Wanderer, der von Osten her aus den schattigen Waldungen heraustrat, wenn er hinter dem Spiegel des stillen, schönumbüschten Weihers die Giebel des Klosters und den nadelschlanken Dachreiter, wie aus tiefversunkenem Grund, emportauchen sieht. Gewöhnlich aber nähert man sich dem Kloster von der entgegengesetzten Seite, von dem drei Viertelstunden entfernten Bahnhofe Maulbronn aus, und trifft, das friedliche Thal heraufpilgernd, zuerst einige neuere Wohnhäuser, darunter das gemüthliche Gasthaus zum Kloster, und dann sofort das malerische Klosterthor (Fig. 3), das bei der Südwestecke der Umfassungsmauer sich erhebt, und links hin geht um hinter breitem, wildverwachsenem, mit Epheu beranktem Graben die hohe Klostermauer, mit ihren trotzigen Buckelsteinen eine Reihe alter Gebände tragend, an ihrer Nordwestecke vom hohen Hexenthurm, an der Südostecke vom Faust-thurm flankirt.

Innerhalb des Thores empfängt uns der weite Vorhof des Klosters, um den die steinernen Nebenbauten, das Frühmeßerhaus, die Wagnerei, die Schmiede, die Mühle, der Speicher, die Küfermeisterei u. s. w. mit ihren steilen, oft von Kreuzblumen oder Knöpfen bekrönten Giebeln stehen, und im Grunde des Hofes erscheint hinter prächtigen Linden-bäumen die Schauseite der Kirche mit ihrer edel-schlanken Vorhalle und dem links (nördlich) daran stoßenden, jetzt vielfach verbauten Kloster.

Ehe wir aber die Gebäulichkeiten betrachten, sei hier eine kurze Geschichte des Klosters eingeschaltet; wir folgen dabei im Wesentlichen der trefflichen und gedrängten Darstellung, die Pfarrer Paul Hartmann in der amtlichen, 1870 erschienenen Beschreibung des Oberamts Maulbronn gibt.

# Die Geschichte des Klosters.

Walther von Lomersheim, ein tapferer Kriegsmann aus altem freiem Geschlecht, wurde der Gründer des ersten Cisterzienserklosters im jetzigen Württemberg. Angeregt ohne Zweifel durch die Predigt des h. Bernhard, beschloß er, Gott zu dienen, bat den Abt Ulrich zu Neuburg bei Hagenau, einer Stiftung von Barbarossas Vater, Friedrich dem Einäugigen, angelegentlich um Ueberlassung von Mönchen und erhielt mit Mühe deren zwölf und einige Laienbrüder unter Führung des Abtes Diether, die er auf seinem Gut Eckenweiler bei Mühlacker unterbrachte. Wenn dies geschah, ist nicht genau bekannt, jedenfalls bis 1143, da der in diesem Jahr verstorbene Papst Innocenz II. den Mönchen Zehntfreiheit gab. Die späteren Cisterzienser nahmen den 24. März 1138 als den Tag des Einzugs an. Der Ort sagte ihnen aber nicht zu, er erschien wohl zu offen, auch fehlte es an Wasser, daher Walther sich an den neugewählten Bischof Günther von Speier, einen Grafen von Henneberg, wandte, selbst einen Augenschein zu nehmen. Dieser überzeugte sich vom Grunde der Klagen und verlegte daher die Ansiedlung an den Ort im Salzachthal, der nun den Namen Mulenbrunnen erhielt, zwischen 23. August 1146 (Todestag seines Vorgängers Siegfried) und Frühjahr 1147, wo zum erstenmal eine Stiftung, die des Kirchensatzes zu Löchgau, für die Kirche zu Maulbronn vorkommt (vorausgesetzt, daß der Stifter, Beringer von Löchgau, der sich eben zu dem Kreuzzug dieses Jahres rüstete, demselben sich gleich bei seinem Beginne anschloß). Dieser Ort lag im Pfarrsprengel von Knittlingen und war damals, wohl in Folge kriegerischer Verwüstung, mit dichtem Wald bedeckt, welcher Straßenräubern — die alte Römer-, dann Kaiserstraße von Cannstatt nach Bruchsal führte nahe vorüber — zum Schlupfwinkel diente. Die Speirer Kirche besaß dort 7 Huben, welche Günther von Bernhard von Thane und einigen andern Lehensleuten zurücklöste. Walthers Schwester Ida schenkte ebendort 3½, Bertha von Grüningen mit ihren Söhnen Walther, Conrad und Ruger 2, Werner von Roßwag, ein treuer Helfer mit Rath und That, eine Hube. Dazu erwarb Günther durch Tausch von Kloster Hirsau noch eine Hube und später (1157) sein ganzes Besitzrecht (2½ Huben hatte dieses um 1100 von Walther von Horrheim geschenkt erhalten. Cod. Hirsaug. 32 a.). Von diesen Ländereien war ein Drittel der Pfarrei Knittlingen zehntpflichtig, ein anderes dem Werner von Roßwag, eines zur Hälfte dem Conrad von Lomersheim, zur Hälfte der Bertha von Grüningen und ihren Söhnen. Zwei Drittel trug Berchtold von Bretten, der Bruder Altmanns, Pfarrers in Knittlingen, zu Lehen. Günther brachte es dahin, daß der ganze Zehnte gegen eine jährliche Abgabe von 10 Schillingen dem Kloster überlassen wurde. Nun wurde auch sogleich der Bau des Klosters auf dem früher Hirsau'schen Platze begonnen, dessen Vollendung aber Günther († 16. August 1161) nicht mehr erlebte; denn erst 14. Mai 1178 weihte Erzbischof Arnold von Trier die Kirche ein. Daß jedoch das Kloster 1157 schon bewohnbar war, erhellt aus der in diesem Jahr vom Pfalzgrafen Conrad dort ausgestellten Urkunde wegen Elfingens. So lange aber der Bischof lebte, widmete er dem Kloster die eifrigste Fürsorge. Er erwarb ihm den Besitz von Elfingen, gestattete allen Geistlichen und Laien seines Sprengels darein zu treten und es zu beschenken, und verlieh ihm Zehntfreiheit, was Papst Eugen III. in seiner Schutzbulle für das Kloster

29. März 1148 bestätigte. Beim Kaiser Friedrich I., dem Sohne des Gründers von Neuburg, dem Neffen Otto's von Freising, der selber Abt im Cisterzienserkloster Morimund
gewesen war, wirkte er ihm den Reichsschutz, Bestätigung seiner Zehntfreiheit und seines
schon beträchtlichen Güterbesitzes aus, 8. Januar 1156, Speier. Auch beschenkte er es
reichlich (26. August 1152 gab er ihm einen Hof in Diefenbach), vor 8. Januar 1156
Weinberge zu Hagenbach in der Pfalz, 1158 eine Hube zu Honscheit im Bisthum Straß-
burg, 1. Januar 1159 sechs Bauhöfe bei St. Leon, Lußheim, Ketsch, Otterstadt, Marren-
heim und Dudenhofen nebst 1200 Schafen, 1159 eine Hofstatt in Speier, um dieselbe
Zeit ein Gut zu Frechstadt und eins zu Schröckh, auch in nicht bekanntem Jahr ein solches
zu Germersheim) und sorgte durch kluge Verordnungen und Einrichtungen für einen sicheren
Ertrag der Güter, indem er namentlich Schafzucht und eisenbeschlagene Pflüge, sowie
Weinbau, z. B. auf dem schon 1152 dem Kloster gehörigen Hof Füllmenbach, einführte.

Darum wurde Günther auch als der Hauptstifter des Klosters geehrt und gleich
Walther von Lomersheim in der Kirche begraben (Fig. 1 und 2). Sein Beispiel munterte
auch andere, so den oben genannten Beringer von Löchgau, den Grafen Ludwig von
Wirtemberg, zur Freigebigkeit gegen das Kloster auf, welches dadurch bald zu bedeutendem
Wohlstand kam.

Zeugniß von seinem Gedeihen gibt neben dem großartigen Kirchenbau auch der
Umstand, daß schon 1151 und wieder 1157 das Kloster Bronnbach und im letzteren Jahr
das Kloster Schönthal von Maulbronn aus bepflanzt werden konnte. Bronnbach blieb
unter Maulbronn bis 1537, wo es dem Kloster Ebrach provisorisch zugetheilt wurde
(definitiv erst 1573). Schönthal kam schon 1282 unter Kaisersheim. Durch Adoption
erhielt Maulbronn 1452 das nun in ein Priorat verwandelte Kloster Päris und behielt
es bis 1588. Ferner hatte es unter sich Frauenzimmern 1246—1418, wo es an Bebenhausen kam, und später wieder zeitweise, ebenso theils zeitweise, theils mit andern Klöstern
gemeinschaftlich Heilsbruck, Königsbruck, Lichtenstern, Lichtenthal und Rechenshofen. Dagegen stand Maulbronn in Abhängigkeit besonders vom Mutterkloster Neuburg, ferner
von Lützel, Clairvaux, Cisterz und im 15. Jahrhundert von Altenberg.

Das Kloster vermehrte und sicherte seinen Besitz, indem es auf seinen Gütern Ko-
lonien aus Laienbrüdern unter der Aufsicht von Mönchen anlegte und stets eifrig bemüht
war, Orte, in denen es einmal einiges Besitzthum erlangt hatte, zu seinem gänzlichen
Eigenthum, auch mit dem Patronatsrecht und der Vogtei sammt ihren Rechten zu machen,
wodurch viele Streitigkeiten mit Laien abgeschnitten wurden.

Auch die Nachfolger Günthers auf dem Bischofsstuhl zu Speier bewiesen sich dem
Kloster fast ohne Ausnahme freundlich; und auch an päpstlichen, kaiserlichen und könig-
lichen Gnadenbriefen fehlte es Maulbronn nie.

Die meisten der Briefe enthalten die Zusicherung der Schirmvogtei des Reichs, die
K. Friedrich I. übernommen hatte. Das hinderte aber nicht, daß das Schirmrecht auch
von andern, dem Kloster näher liegenden Gewalten beansprucht und theils mit, theils
gegen den Willen desselben geübt wurde; ja, es knüpft sich an seine Handhabung und
die Streitigkeiten darüber fast die ganze äußere Geschichte des Klosters bis zum Untergang
seiner Selbständigkeit.

Dem Ursprung des Klosters, wie den Statuten seines Ordens, entsprach es, daß
die Bischöfe von Speier ein Vogtrecht übten (obwohl Juli 1231 Bischof Beringer bekannte,
quod monasterium Mulbronn nullum alium advocatum in bonis suis habere

debeat praeter regem Romanorum. (St. Arch.), wie denn K. Wilhelm, nachdem er am 2. Februar 1255 dem Kloster versprochen, den Schirm nicht ohne sein Begehren zu veräußern, schon am 23. März dieses Versprechen auf die Beschwerde des Bischofs zurücknahm und dem Bisthum das Recht bestätigte, jenem einen Vogt zu setzen. Auch Kaiser Rudolph befahl 1280 dem Bischof den Schutz des Klosters, und noch Kaiser Karl IV. bestätigte dem Bisthum seine Rechte über dasselbe 8. September 1366. Der Bischof

fig. 1.

fig. 2.

Günthers Grabstein.

Walthers Grabstein.

übertrug vor 1236 die Unterschirmvogtei an Heinrich von Enzberg, woraus ein langer Streit des Klosters mit dieser Familie entstand.

Zwar der Genannte war ihm wohlgesinnt, aber bereits sein Sohn Heinrich bedrängte es, und noch mehr dessen Söhne Heinrich, Conrad, Gerhard und Albrecht. Sie tödteten einen Laienbruder, verwundeten Mönche und andere Laienbrüder tödtlich, sengten und raubten, weßwegen Bischof Heinrich II. sie befehdete und zum Verzicht auf das Vogtrecht zwang (vor 1270). Doch wurden die Enzberger noch 2. Juli 1325 zum Schutz des Klosters verpflichtet.

Kaiser Karl IV. übertrug die Vogtei, welche er vor 31. Mai 1361 von den Grafen von Wirtemberg, denen sie verpfändet war, einlöste, an Kurpfalz, wodurch das Kloster später zum Zankapfel zwischen dieser Macht und Wirtemberg wurde, welches in den

Klosterorten, die auf seinem Gebiet lagen (besonders von dem Anfall der Grafschaft Vaihingen herrührend), das Schirmrecht übte, wie nicht minder die Markgrafschaft Baden innerhalb ihres Gebiets. — In den Kriegen des 14. Jahrhunderts litt das Klostergebiet Schaden von Seiten der Städte, weßwegen 6. März 1393 die Stadt Weil Abbitte leisten mußte, sodann durch die Schlegler, obenan die Schlegelkönige Friedrich und Reinhard von Enzberg, denen dieses Verhalten, sowie das Streben gegen Landfrieden und Fürstenmacht überhaupt, ihre Burg Enzberg kostete, welche Pfalzgraf Ruprecht II. vor 14. September 1384 brach. — Mit Berufung auf die Landesunsicherheit befestigte das Kloster seit 1373 die Kirchhöfe in mehreren seiner Orte und verstärkte seine eigenen, um 1360 erbauten Mauern, was die Pfalzgrafen, denen es als ein Bollwerk gegen Wirtemberg erschien, begünstigten (vgl. die Urk. K. Ruprechts 14. April 1407). Seit 1457 wurde denn auch Maulbronn in den Kampf der beiden Mächte verflochten. Im August dieses Jahrs lagen Pfalzgraf Friedrich der Siegreiche (der böse Pfälzer Fritz) und Graf Ulrich der Vielgeliebte, jener in Bretten, dieser in Vaihingen, mit Heeresmacht einander gegenüber, als der berühmte Markgraf Albrecht von Brandenburg, Schwager des mit Friedrich verbundenen Markgrafen Karl von Baden, im Kloster, wo er sich mit wohl 200 Pferden eingelagert hatte, am 25. des Monats für jetzt den Streit vermittelte. Nachdem aber der Reichskrieg gegen die Pfalz wirklich entbrannt war, überfiel Graf Ulrich in den ersten Märztagen 1460 mit 2—3000 Mann Maulbronn, brandschatzte es um 7000 fl., worauf er demselben unter dem 6. März von Lienzingen aus einen Schirmbrief ausstellte. Neuen Schaden erlitt es von den Wirtembergern im Dezember 1461, trotz der beweglichen Vorstellung, daß ja der Graf als kaiserlicher Hauptmann und ihr Schirmherr vielmehr zu ihrer Hilfe verpflichtet wäre. 26. April 1462 ergieng von Kaiser Friedrich ein Mandat an seine Hauptleute, das Kloster, von dem aus der Pfalzgraf vielfachen Schaden anstifte, zu des Reiches Handen zu nehmen. Geschehen ist das schwerlich, auch nur für kurze Zeit; denn jene zogen (im Juni) von Pforzheim aus über Heidelsheim nach der Pfalz, um bei Seckenheim Niederlage und Gefangenschaft zu finden. So blieb die Schirmvogtei des Klosters, das nun gerade den Höhepunkt seiner äußeren Blüte erreichte, der Pfalz, um so mehr, als der jugendliche Regent des andern wirtembergischen Landestheils, Eberhard im Bart, mit seinem Oheim, dem Pfalzgrafen Friedrich, sich gut zu stellen wußte, wie er denn mit demselben 14. November 1467 zu Maulbronn ein Bündnis auf fünf Jahre schloß. Auch mit dem Kloster pflegte er freundschaftliche Verbindung. Friedrichs Nachfolger aber, Pfalzgraf Philipp, verwandelte das Kloster durch Basteien und Bollwerke in eine förmliche Festung (bis zum Jahr 1761 stand nach einer damals aufgenommenen Karte auf der Ostseite des Klosters, jenseits des Schafhofs, ein Stück Mauer mit dem „Eselsthor" und dem „Judenthurm", woraus zu entnehmen, daß die Befestigung sehr umfassend war), und ließ sich darin durch wiederholte Abmahnungen des Kaisers, der ihm das Schirmrecht kündete und 8. Juni 1489 den Hauptleuten des schwäbischen Bundes befahl, das Kloster zu des Reiches Handen zu nehmen, auch 20. Oktober 1492 den Abt anwies, ihm keinen Gehorsam zu leisten und seine Basteien abzubrechen, nicht irre machen; er antwortete vielmehr mit der Errichtung eines hölzernen Bollwerks auf der den Zugang zum Kloster beherrschenden Höhe beim Steinbruch, welches den Namen Trutzbund erhielt, und versah den Platz mit Besatzung und Lebensmitteln.

So wurde Maulbronn ein Opfer, und zwar das erste, des neuen Reichskriegs, der sich 1504 gegen die Pfalz — um das bairische Erbe — entspann, und den der jugendliche

Herzog Ulrich von Wirtemberg mit großer Macht im Frühjahr dieses Jahrs eröffnete. Bei seinem Anrücken entfloh der Abt mit den meisten Brüdern nach Speier. Der Herzog aber eroberte nach lebhaftem Widerstand am zweiten Tag den Trutzbund, wandte seine Geschütze gegen das Kloster, dessen Mauern und Thürme stark beschädigt wurden (auch die Kirche zeigt auf der Ost- und Südseite heute noch mehrfache Kugelspuren), bis die Besatzung am siebenten Tage (4. Juni) den Platz gegen freien Abzug übergab. (Ausführlich bei Heyd, Herz. Ulr. 1, 103 ff., zumeist nach dem Briefe eines Priors von Päris vom 21. Juni.) Die zurückgebliebenen Mönche und Laienbrüder wurden bis zum Ende des Kriegs in's Augustinerkloster nach Tübingen verwiesen und am 2. Juli zu Knittlingen dem Herzog das Kloster sammt dem eroberten Gebiet vertragsmäßig abgetreten, worauf am 1. August K. Maximilian ihm Schirmrecht und weltliche Obrigkeit darüber zuwies.

Nachdem aber 1519 Herzog Ulrich vertrieben worden, wollte 18. April Pfalzgraf Wilhelm dasselbe, das sich ihm gutwillig ergeben und für 8000 fl. verbürgt hatte, wieder in seinen Schirm nehmen, der schwäbische Bund litt jedoch nicht, daß dieses edle Kleinod dem Fürstenthum Wirtemberg entzogen werde. Dagegen stellte K. Karl V. 2. Februar 1521 dem Abte die Vogteigerechtigkeit frei zu. Franz von Sickingen, der für seine Vermittlung mit dem Pfalzgrafen vom Kloster eine namhafte Summe erhalten, ließ es am 10. Mai 1519 wieder genießen, daß seine Vorältern darin begraben lagen, brandschatzte seinen Hof zu Heilbronn, doch nicht höher als um 1200 fl. für sich und 100 fl. für seinen Schreiber, „der etwan — zuweilen — sein Schererknecht was" (Stumpphart, s. Sattl. Herz. 2, Beil. 21). Bei dem vergeblichen Einfall, den H. Ulrich noch im gleichen Jahr in sein Land machte, huldigte ihm Maulbronn vorübergehend wieder 9. August.

Auch im Bauernkrieg kam das Kloster verhältnismäßig glimpflich weg. Statthalter und Regent hatten trotz ergangener Bitte versäumt, dasselbe mit gehöriger Besatzung zu schützen, und so fiel denn um den 18.—21. April 1525 ein Theil des Stocksberger Haufens darin ein und ließ es sich mehrere Tage wohl sein, doch ohne die Gebäude wesentlich zu beschädigen. Am 29. April hatte Jäcklein Rohrbach sein Lager daselbst. Ein dritter Schwarm kam um dieselbe Zeit von Gundelsheim her. Die Folge von Allem war, daß die Abtei sich eines Theils ihrer Güter — wohl bis zum Werth von 30,000 fl. — entäußern mußte.

Nach H. Ulrichs Rückkehr im Jahr 1534 gieng sein ganzes Bestreben darauf, Maulbronn völlig an sich zu bringen und die Reformation in demselben, sowie in den Amtsorten einzuführen. In den letzteren gelang dies unschwer, so daß 1547 aus dem Bezirk von Maulbronn und Derdingen ein evangelisches Dekanat gemacht werden konnte. Doch wurden erst 1551 die letzten Pfarreien Zaisersweiher und Lienzingen, deren Patronat Stift Sinsheim hatte, mit evangelischen Pfarrern besetzt. Dagegen wehrte sich das Kloster selbst verzweifelt gegen jene Versuche und wurde darin vom Reichskammergericht, sowie von Erzherzog Ferdinand trotz eines ihm von Herzog Ulrich übersendeten Wagens mit Elsinger Wein unterstützt, doch ohne von jenem die Anerkennung der Reichsunmittelbarkeit erlangen zu können. Der Abt, dem Ulrich die Hälfte seines Einkommens abverlangte, floh mit den Kostbarkeiten nach Speier. Der Herzog besetzte das Kloster und ließ inventiren. Eine kleine Partei der Mönche war für ihn. Einige traten aus und wurden mit Leibgedingen abgefertigt. 1535 befahl er den der Reformation abholden Mönchen seines Landes, sich in Maulbronn zu sammeln, und setzte ihnen in dem Conventualen Conrad Weis einen Lesemeister der heiligen Schrift. 1537 (Urk. vom 28. Sept. d. J.) verlegte der Abt das

2

Kloster nach Päris. Aber nach dem schmalkaldischen Krieg, 6. August 1548, befahl K. Karl V. dem Herzog, die alte Ordnung wieder herzustellen zu lassen, der Abt kehrte zurück, und der in diesem Jahr eingetretene Conventuale Jakob Schropp von Vaihingen mußte das Kloster räumen, weil er bei Mondschein in der deutschen Bibel gelesen hatte. Neue Verhandlungen führten zu keinem Ziel, und erst unter H. Christof wurde 22. Januar 1551 der Abt durch den Kaiser mit jenem verglichen. H. Christof verfuhr schonend, bis ihm der Augsburger Religionsfriede das Recht zur Reformation gab. 29. Juli 1557 wurde ein derselben geneigter Abt gewählt, und am 19. Januar 1558 machte er den Valentin Vannius von Veilstein, der schon bald nach dem Bauernkrieg als Mönch in Maulbronn zur lutherischen Lehre übergetreten war, zum ersten evangelischen Abt und Generalsuperintendenten daselbst und verwandelte um diese Zeit das Kloster in eine evangelische Klosterschule.

In den Schülerverzeichnissen glänzt ein Stern erster Größe, Johannes Kepler, der zwischen 1586 und 1589 drei Jahre hier zubrachte und nach einer seiner Schriften 1588 daselbst eine Mondsfinsternis beobachtete. Von namhaften Theologen, welche Schüler in Maulbronn waren, sind anzuführen: Ge. Conr. Rieger, Friedr. Gottlob Süskind, Christian Friedr. Schnurrer, Eberh. Gottlob Paulus, Christian Friedr. Klaiber, Christian Friedr. Schmid, Ferd. Christian Baur, von sonst hervorragenden Männern: Graf Reinhard, französischer Pair, Schelling, Pfister, Pauly, Friedr. Römer, Mebold, Eduard Zeller, Herm. Kurtz, Ge. Herwegh, Ferd. Hochstetter.

Werfen wir nun, nachdem das eigentliche Klosterleben zu Maulbronn sein Ende erreicht, einen Blick auf den inneren Gang desselben, so bietet sich uns ein im ganzen erfreuliches Bild. Religiosität, Zucht und Sitte wird zu den verschiedensten Zeiten vom Kloster gerühmt und daß sie auch noch im 15 Jahrhundert nicht geschwunden war, beweist neben ausdrücklichen Zeugnissen sowohl der Umstand, daß der Höhepunkt des Reichthums und der Frequenz erst in diese Zeit fällt, als die Thatsache, daß Maulbronn nie einer Reformation bedurfte, vielmehr seine Aebte mehrfach in andern Klöstern zu reformiren hatten. Auch das freundliche Verhältnis, worin Eberhard im Bart zu ihm stand, spricht dafür. Erst am Anfang des 16. Jahrhunderts lehnten sich die Mönche gegen die alte strenge Klosterzucht auf und zwangen deßhalb 1503 den Abt Johann VI. zur Abdankung, aber nur um ihn 15 Jahre später, nach der üppigen Verwaltung des Abts Johann VIII., nochmals zu wählen. — Der Schwerpunkt der cistercienstischen Thätigkeit lag in der Landwirthschaft, und so erwarb sich denn auch unser Kloster um den Anbau der ihm zugehörigen Ländereien von Anfang große Verdienste (z. B. Bischof Günther, um die Orte Wurmberg, Füllmenbach, Diefenbach, Elfingen), welche heute noch in dem Zustand der Waldungen um Maulbronn, in den Weinen von Elfingen, Roßwag, Hohenhaslach u. a., die sie zuerst gepflanzt, hervortreten. Besondere Kunst verwandten sie auf die Anlage von Fischseen, die zugleich der Bewässerung und Entwässerung der Gegend dienten. Das Lagerbuch des Klosters von 1572 führt ihrer auf Maulbronner Markung 137 Morgen, dazu noch in der Nähe weitere 27 an. (Gärten enthielt die Markung 83 Morgen außer dem Zwinger, darunter besonders Nußgärten und im Schatten der Abtei 3 kleine Gärtlein zu Arzneikräutern. Für den Absatz ihrer Produkte waren den Mönchen ihre Höfe in Heilbronn, Stuttgart und Speier sehr förderlich; auf dem Rhein durften sie seit 1299 jährlich ein Schiff, mit Wein, Weizen und Anderem beladen, zollfrei zu Thal und Berg führen. Auch das Gewerbe muß im 15. Jahrhundert in Maulbronn geblüht haben, wenn gleich die

Beschreibung davon, die Felix Hämmerlin dem Abt Berthold III. in den Mund legt, und die eine Menge nöthiger und unnöthiger Beschäftigungen aufführt, sehr übertrieben scheint. — Am glänzendsten aber stehen heute noch die durch ein günstiges Geschick fast völlig erhaltenen Denkmäler der Baukunst in Maulbronn da, und es können sich an Bedeutung derselben wenige Klöster diesseits der Alpen mit dem unsrigen messen. Dagegen tritt die Wissenschaft sehr zurück. Wohl hatte schon B. Günther der Abtei die nöthigsten Bücher geschenkt, aber erst an der Grenze des 15. und 16. Jahrhunderts wird die Errichtung einer förmlichen Bibliothek erwähnt. Im 15. Jahrhundert zuerst werden Aebte von gelehrter

Ansicht der Kirche von der Westseite.

Bildung angeführt, und nur ein einziger gelehrter Mönch kommt vor, Leontorius, geb. zu Leonberg 1460, ein Schüler und Freund Reuchlins, Herausgeber des Bibelwerks von Nikolaus a Lyra. — Im übrigen beweist die Fertigkeit in leoninischen Versen, die sich vom 14. Jahrhundert an reichlich im Kloster finden, doch eine gewisse literarische Betriebsamkeit der Mönche. — Noch einen berühmten gelehrten Namen, welcher freilich fast nur eben ein Name ist, verknüpft die Sage mit Maulbronn, den des Schwarzkünstlers Johannes Faust, der, unzweifelhaft in Knittlingen geboren, um 1516 bei Abt Entenfuß hier gewesen sein soll, vermuthlich um ihm Gold zu machen. Die Sage, welche Sattler Topogr. 549 auf „gute Nachrichten" zurückführt, und die sich in einem Aebteverzeichnisse auf dem Archiv zu Stuttgart aus der ersten Hälfte des vorigen Jahrhunderts findet, hat nichts unwahr-

scheinliches, während die Localitäten in Maulbronn, die Fausts Namen tragen, der Faust-
thurm, die Faustküche und das Faustloch, wohl erst später auf ihn bezogen worden sind.
Von Rechtsalterthümern des Klosters ist folgendes bekannt. Es war nach der
Urkunde K. Karls IV. vom 25. Oktober 1376 von jeder weltlichen Gerichtsbarkeit, als
der des Kaisers und Königs gefreit. Der Abt war Gerichtsherr in Illingen, Lienzingen,
Oetisheim und Mühlhausen und bildete die zweite Instanz. In Weißach hatte er das
Wildfangsrecht, hier und in Oelbronn wurde von einer jeden Person, die dem Kloster
leibeigen war, der jedesmalige Werth einer Salzscheibe an Geld als Brautlauf und Gürtel-
gewand eingezogen. Von König Heinrich VII. hatte das Kloster 29. Juni 1231 das
Recht erhalten, diejenigen von seinen Leibeigenen zu beerben, welche sich in einer Stadt
ansiedelten und keine mit einer Stadtbürgerin erzeugten Kinder hinterließen. Mit Graf
Eberhard im Bart machte es 14. November 1485 einen Vertrag, daß die beiderseitigen
Leibeigenen unter einander heirathen dürfen (die Ungenossenschaft aufgehoben sein solle).
Nach dem Lagerbuch von 1572 geben des Klosters leibeigene Mannspersonen in den Amts-
flecken von Altersher keine Leibsteuer, dagegen die außerhalb derselben und die in den theil-
baren Flecken Dürrn, Enzberg und Kieselbronn, hinter andern Vogtsherren gesessen, geben
je zwei Schilling, Wirtemberger oder Pfalzgräfer, jedes Ortes Währung. Die leibeigenen
Frauen hatten jährlich je eine Leibhenne zu leisten, die der Hühnervogt einzog. Vom
verstorbenen Leibeigenen wurde 1572 in den wirtembergischen Vogteien oder andern fremden Herrschaften von 100 Pfund Heller 1 fl. Landeswährung, deßgleichen sein best Ober-
kleid als Hauptrecht eingezogen, von Frauen nur das Kleid. Die Kleider fielen dem
einziehenden Hühnervogt zu. Der Erbschaftsabzug erfolgte nach dem Tübinger Vertrag,
die Ausländischen aber, so des Tübinger Vertrags nicht fähig, hatten, wenn sie etwas
ererbten, dem Kloster den zehnten Pfennig zu Abzug oder Nachsteuer zu geben. Das
Bürgerrecht kostete 2 fl., einen dem Flecken, einen dem Kloster, dasselbe der Abzug in
ein anderes Fürstenthum. Die sieben Orte: Freudenstein, Hohenklingen mit Oelbronn,
Schmie, Lienzingen, Zaisersweiher, Tiefenbach, Schützingen hießen Burschtflecken; sie waren
Handfrohnen zur Bebauung der Klostergüter, des Jahrs 8 Tage, schuldig.

Der Besitz unseres Klosters ist merkwürdigerweise bis ins 16. Jahrhundert herein
in fast stetiger Zunahme begriffen. Die im 13. Jahrhundert zweimal, 1244 und 1257
berichtete Geldarmuth war bald wieder verwunden, da sie hauptsächlich nur eine Folge der
Betriebsamkeit im Bauen und Gütererwerben war. Im jetzigen Württemberg sind es etwa
60 Orte, wo das Kloster begütert war, und wovon ihm viele ganz gehörten. — In
jetzigen Baden sind es etliche und vierzig Orte, in Rheinbaiern 17 Ortschaften. In
Rheinhessen hatte das Kloster Güter zu Worms 1337, endlich im Elsaß einen Hof
zu Colmar.

Die Aebte von Maulbronn bis zur Reformation sind folgende: Diether, um 1138
— nach 1168 (ob er noch die Einweihung der Kirche 1178 erlebte, ist zweifelhaft), 1178
B. oder D., 1192 E. oder J., 1196 — um 1216 Conrad I., 1219 M., 1232 Gozwin,
1234—1243 Sigfrid I., 1244—1251 Berthold I. Munt, 1253 H. b. i. wohl Heinrich I.
1254 und 1255 Gottfried, 1257—1268 Egenhard, später Abt von Neuburg, um seiner
Rechtschaffenheit willen gerühmt, 1268 Albrecht I., 1276—1277 Hildebrand, 1280 Walther,
1281—1285 Sigfrid II., 1287—1292 Rudolf, 1294—1299 Conrad II., 1302—1305
Reinhard, um 1306 Albrecht II., vor 1313 Wilent, 1313—1325 Heinrich II. von Kalw,
1330—1353 Conrad III. von Thalheim, 1358—1359 Berthold II. Kuring, später Abt

in Bronnbach), Ulrich von Eusingen, 1361—1367 Johann I. von Rottweil, er ummauerte das Kloster, wird als treuer Freund desselben gerühmt, 1376—1383 Albrecht III. von Riexingen, 1383 Marquard, 1384—1402 Heinrich III. von Renningen, ein tüchtiger Abt, 1402—1428 Albrecht IV. von Oetisheim, war Magister, führte das Kloster seinem Glanzpunkt entgegen und hatte 1420 die Klöster und Stifter der Rheinpfalz zu refor= miren, 1428—1430 Gerung von Wildberg, 1430—1439 Johann II. von Gelnhausen, wegen seiner Beredtsamkeit, Gewandtheit und seines Hochsinns vom Concil zu Basel 1431 zu Verhandlungen mit den Hussiten abgeschickt, 1438 von Papst Eugen IV. durch Erthei= lung der bischöflichen Insignien geehrt, 1439—1445 Johann III. von Worms, 1445 bis 1462 Berthold III. von Roßwag, ein eifriger Prediger und Bewahrer der Klosterzucht,

Fig. 3.

Das Klosterthor.

hatte hundert Mönche unter sich, 1462—1467 Johann IV. von Wimsheim, Licentiat der Theologie und eifriger Prediger, hatte 1465 Klöster in Heilbronn zu reformiren, unter ihm waren es 135 Mitglieder, 1467—1472 Nikolaus von Bretten, 1472—1475 Albrecht V., 1475 — um 1488 Johann V. Riescher von Laudenburg, wurde 1504 wieder gewählt, aber von H. Ulrich nicht anerkannt, 1488—1491 Stephan Oetinger, 1491—1503 Johann VI. Burrus von Bretten, wurde nach Bruschins wegen seiner Strenge von den Mönchen zur Abdankung genöthigt, hatte etwa 100 Mönche und Laienbrüder unter sich, 1503—1504 Johann VII. Umbstatt, starb zu Speier auf der Flucht, 1504—1512 Michael Scholl von Vaihingen, 1512—1518 Johann VIII. Entenfuß von Unteröwisheim, mußte wegen üblen Hausens abdanken, 1518—1521 Johann VI., zum zweiten Mal Abt, 1521—1547 Johann IX. von Lienzingen, Baccalaureus der Theologie, hielt 25. Mai 1522 zu Stuttgart eine lateinische Rede an Erzherzog Ferdinand, flüchtete 1534 nach Speier und verlegte 1537 die Abtei nach Päris, 1547—1557 Heinrich IV. Reuter von Nördlingen, kam um 1549 nach Maulbronn, 1555 zum Generalvikar seines Ordens in Deutschland ernannt

1557 Johann X. Epplin, genannt Senger, von Waiblingen, zugleich Vorstand von Königs=
bronn, evangelisch gesinnt. — Dazu kommen noch die katholischen Aebte während des
dreißigjährigen Krieges 1630—1632 und 1634—1642 Christof Schaller aus Sennheim
im Elsaß, 1642—1648 Bernardin Buchinger aus Riensheim im Elsaß.

Wir kehren zur Geschichte Maulbronns seit 1558 zurück. Vom 10. bis 17. April
1564 wurde daselbst im Winterspeisesaal ein Colloquium zwischen den lutherischen Theo=
logen Wirtembergs und den calvinistischen der Pfalz über die Differenzpunkte in der
Abendmahlslehre gehalten. Herzog Christof und Kurfürst Friedrich III., beide von welt=
lichen Räthen begleitet, nahmen an den Verhandlungen persönlich Antheil. Das Gespräch
blieb resultatlos; beide Theile schrieben sich den Sieg zu. — Dagegen kam 1576 hier
durch eine Berathung wirtembergischer, badischer und hennebergischer Theologen die Maul=
bronner Concordie, eine Vorarbeit der eigentlich so genannten Concordienformel, zu Stande.

Schon 1621 bekam Maulbronn die Schrecken des dreißigjährigen Krieges zu spüren,
indem Mannsfelds Scharen im Amte übel hausten. Durch das Restitutionsedikt von
1629 wurde das Kloster der katholischen Kirche wieder zugesprochen; 4. September 1630
besetzten es die kaiserlichen Commissäre mit bewaffneter Macht, und am 14. zog Christof
Schaller als Abt mit einigen Mönchen von Lützel ein und befahl sodann den evangelischen
Pfarrern des Amts, abzutreten. Die Klosterschule ward nach Urach versetzt. Er wurde
zwar 7. Januar 1632 durch die Schweden vertrieben und die Schule wieder eingerichtet,
aber bereits nach 6. September 1634 konnte er in Folge der Schlacht von Nördlingen
zurückkehren. Natürlich gab es viel Streit mit dem württembergischen Vogt, mit den
evangelischen Pfarrern, denen ihre Besoldungen vorenthalten, und mit den Amtsorten, die
in ihrer Religionsübung gestört, und von denen die Gefälle mit Härte eingetrieben wurden,
weßwegen letztere 1640 den Herzog baten, sie doch von der Pfaffen Tyrannei zu befreien.
1636 bewies Besold durch Urkunden die Reichsunmittelbarkeit der Abtei, womit er sich
aber wenig Dank von Oesterreich verdiente, das derselben vollends entfremdet wurde, als
sie seit 1643 unter dem neuen Abt Bernardin Buchinger, der im Auftrag seines Ordens
ungern die Stelle übernommen hatte, sich an Frankreich anschloß. Die Theilnahme Frank=
reichs bestand hauptsächlich in einer fortwährenden Bedrohung und Mißhandlung des Amtes
durch die Philippsburger Besatzung, zu deren Unterhalt es beitragen mußte. Eberhard
III. beschwerte sich darüber am französischen Hof, sowie bei Kurfürsten und Ständen,
aber ohne Erfolg; auch die Abfindung der Befehlshaber von Philippsburg mit monatlich
1200 fl. half nicht auf die Dauer, ja nicht einmal der Friedensschluß brachte völlige Ruhe,
daher 1648 eine schwedische, 1649 eine württembergische Besatzung in's Kloster gelegt
wurde, die noch einen kleinen Philippsburger Einfall zurückzuschlagen hatte. Am 14.
Oktober 1648 war nach endlosen Verhandlungen Maulbronn Württemberg zugesprochen
worden, weil es schon 12. November 1627 in dessen Besitz gewesen; Abt, Prior und
Organist wichen als die letzten, zögernd und nicht ohne die Gebäude vorher noch zu beschä=
digen; 29. Januar 1649 erfolgte die Besitzergreifung und die Huldigung der noch übrigen
373 erwachsenen Amtsangehörigen unter großer Bewegung. 1656 wurde die Klosterschule
wieder hergestellt. Vergleiche auch die am Schluß angehängte Geschichtstafel.

# Die Hauptgebäude.

Der Raum, den die zum Theil bis in die Zeit der Gründung zurückreichende Kloster=
mauer umschließt, ist 1000 Fuß lang, während seine Breite zwischen 400 und 450 Fuß
schwankt. Die hohe und starke, noch gut erhaltene, von Thürmen beschirmte Mauer ist
stellenweise noch mit dem bedeckten Umgang versehen und läuft hinter dem tiefen, ganz
ausgemauerten Graben, der von der Salzach unter Wasser gesetzt werden kann, und dessen
Breite von 40 bis 60 Fuß und darüber beträgt (s. u. den Plan von Maulbronn Taf. V).
So ziemlich in der Mitte, über 500 Fuß vom Thor (Fig. 3.) entfernt, erhebt sich
die eigentliche Klosteranlage, im ganzen in einer Breite von 365 und in einer Länge
von 430 Fuß; also in sehr bedeutender Ausdehnung, jetzt mannigfach von Vor= und
Anbauten umstellt, aber in den ursprünglichen Umrissen noch wohl zu erkennen. Von
1150—1550 wurde daran gebaut und, wenn auch mit mancher Beeinträchtigung des
Alten, daran verschönert; die ganze Entwicklung der deutschen Baukunst vom strengen
Rundbogenstil durch alle die reizenden Uebergänge hindurch bis zum spätesten, schon wieder
mit antiken Formen sich mischenden gothischen Stil erschließt sich daran, und, was sehr
belehrend ist, fast jede Bauzeit hat eine Inschrift an den Gebänden selbst hinterlassen.

Bei genauer Prüfung aber zeigt sich, daß schon bei der Gründung der ganze Kloster=
bau so großartig vorgesehen war. Zu dieser Annahme berechtigen sowohl die an vielen
und ganz verschiedenen Stellen noch sichtbaren uralten Mauern, als auch die merkwürdige
Harmonie der Maße, der Verhältniszahlen, nach denen die ganze Anlage in klarster
Weise sich gliedert, und dies ist wohl auch der Grund, warum diese Klosterräume mit
einer so erhabenen Ruhe unser Gemüth umfangen.

Es ist in der Maulbronner Klosterkirche die lichte Chorbreite gleich der Mittelschiff=
breite und zwar 30 Fuß, die äußere Länge der Kirche 240 Fuß, oder 8 mal die Chor=
breite, die äußere Breite der Kirche 80 Fuß, oder 2⅔ mal die Chorbreite, oder die äußere
Breite der Kirche ist ⅓ der äußeren Länge der Kirche. Bis zum Anfang des Querschiffes
sind es 180 Fuß oder 6 Chorbreiten, bleiben für den Chor sammt Querschiff noch 60
Fuß oder zwei Breiten. Die Stärke der Pfeiler und Mauern zusammen mißt 15 Fuß
(eine halbe Chorbreite), also die lichte Breite der drei Schiffe zusammen 65 Fuß, was
wieder mit der inneren Höhe des Mittelschiffes übereinstimmt.

Doch, wie schon gesagt, nicht blos die Kirche von Maulbronn, die ganze Kloster=
anlage ist in solche Harmonie hineingezogen. So beträgt die äußere Breite des Laien=
refektoriums 45 Fuß (1½ Chorbreiten), seine Länge 135 Fuß oder 3 mal 45 Fuß oder
4½ Chorbreiten, die Länge der westlichen Front des Klosters sammt Kirche 300 Fuß,
also 10 Chorbreiten, und folglich verhält sich Frontlänge zu Kirchenlänge wie 5 zu 4.
Die Axe des innen 40 Fuß (halbe Kirchenbreite) weiten Herrenrefektoriums trifft die
Kirche bei 105 Fuß, ist also 3½ Chorbreiten vom Westeingang, und ebenso viel ist sie
von der östlichen Querschiffwand entfernt, während die Axe des Klostereinganges um die
Breite der Kirche von dieser abliegt; und endlich mißt die nördliche Seite der Klosteranlage
sammt dem Herrenhaus 400 Fuß, verhält sich also zur Westfassade wie 4 zu 3, zur Länge
der Kirche wie 5 zu 3, und zwar stammt gerade dieses wieder 105 Fuß (3½ Chorbreiten)

lange und halb so breite Herrenhaus noch aus der Zeit des strengen Rundbogenstiles, also aus der Zeit der Gründung und Erbauung der Kirche. Ebenso einfach sind die Höhenverhältnisse, wie wir bei Betrachtung der einzelnen Gebäude finden werden. Die Abweichungen von den mathematisch genauen Zahlen sind gering, und der bei den Maßen zu Grund liegende Fuß ist um ein Verschwindendes größer als der württembergische (0,286 m.) anzunehmen (s. den Grundriß, Taf. VI).

Die ebenfalls von den Cisterziensern, nur später, vom Jahre 1190 an, wo die Maul=bronner Kirche längst eingeweiht war, erbaute Klosterkirche zu Bebenhausen bei Tübingen weist genau dieselben Verhältnißzahlen, und zwar bei geringerer wirklicher Größe (bei zweihundert Fuß äußerer Länge), auf; nur ward in Bebenhausen das Querschiff har=monischer ausgebildet und nach der fast allgemeinen Regel nur mit je zwei Kapellen ver=sehen. Dort beträgt wieder die äußere Länge der Kirche 3 äußere Breiten und 8 Chor= oder Mittelschiffsweiten. Ferner ist die Länge des Kreuzganges, dießmal 2 Kirchenbreiten, auffallender Weise eben so groß, als die des Maulbronner Kreuzganges; man muß fast annehmen, daß die in Bebenhausen bauenden Cisterzienser das Maß ihres Kreuzganges von Maulbronn her entlehnten. Betrachten wir ihn zuerst

## die Bauten des romanischen Stils.

### Die Klosterkirche.

Hier steht voran die um das Jahr 1146 begonnene, 1178 eingeweihte, und wie alle Cisterzienserkirchen der h. Maria gewidmete Klosterkirche. Eine schlanke Pfeilerbasilika in der Form des lateinischen Kreuzes mit geradgeschlossenem Chor und 6 rechteckigen Kapellen im Querschiff, erhebt sie sich nicht im Norden, sondern, was viel seltener, im Süden der Klostergebäude, (Taf. II) um drei Stufen höher als diese, tritt etwas vor die linkshin erscheinende zweistockige Westfront des Klosters heraus, und wir müssen sofort beide Fas=saden in's Auge fassen, denn derselbe einheitliche, klar und großartig ordnende Geist, wie im Grundriß, waltet auch an dieser, 300 Fuß langen Schauseite, die ganz aus Sandstein=quadern ausgeführt, jetzt aber theilweise bis zur Unkenntlichkeit verändert oder verbaut wurde. Tafel III gibt die östlichen Theile der Schauseite in ihrer ursprünglichen Gestalt; von den Rundbogenfenstern des oberen Stockwerks sind nur noch vier (s. u.) erhalten.

Strenges rechteckiges Rahmenwerk, mit seinem platten Wulst über alle Eingänge sich herziehend, gliedert Kirche wie Klosterfassade. Das zweistockige Klostergebäude läuft in gleicher Höhe mit den Seitenschiffen und mit demselben schlichten, aber wirksamen Kranz=gesimse hin; merkwürdig einfach sind wieder die Verhältnisse. Die Fassade der Kirche ist eben so hoch als breit und zerfällt ferner in ganz gleiche Theile zu je 15 Fuß (halbe lichte Chorbreite); der erste Theil gibt die lichte Höhe des Hauptportals und die äußere Höhe der Nebenportale, der zweite das Ende des Rahmengesimses, zugleich Höhe der Seitenschiffe und auch des Klosters, der dritte die Grundlinie der Oberschifffenster, deren Mittelaxen die Oberschifffassade wieder in drei gleiche Theile, wovon ein Theil zugleich die äußere Höhe der Fenster bestimmte, theilen u. s. f.

Schlank und edel erhebt sich die ganze Fronte, an den Giebelschrägen der Haupt= und Seitenschiffe mit Rundbogenfries und Kantenzahnschnitt verziert. Unten die drei Rund=bogenportale, von dem strengen rechteckigen Rahmenwerk umfaßt, oben die zwei Rund=

bogenfenſter neben einander und im Giebel ein mit dem Sechsblatt geſchmücktes Rund=
fenſter; dies iſt alles, was an Oeffnungen die Kirchenfaſſade belebt, aber doch ein
hoher und ſchöner Eindruck. Das Mittelportal, außen noch einmal ſo breit als die Seiten=
portale, und im Lichten ſo hoch als dieſe mit der Umwulſtung, tieft ſich zweimal rechteckig
ein, in den Ecken mit je einer Säule beſetzt, und wird auch vom platten Wulſte des
Rahmenwerkes umzogen. (Fig. 4.) Seine ſteile attiſche Baſis geht um Pfeiler und Säulen,
deßgleichen oben das hohe ſchwer laſtende und derb gebauchte Kämpferkapität. Den Füßchen
der Säulen legen ſich ſchlichte Eckknollen vor (Fig. 5 und 6). Im Halbrund des Bogen=
feldes ſchimmert jetzt eine faſt vergangene Freske vom Jahre 1424, darſtellend die Wid=
mung des Gotteshauſes an Maria, dabei ſtand folgende Inſchrift:

Anno domini M. centesimo trigesimo octavo nono Kald.

Aprilis Mulibrunnum per Guntherum Spirensem construit

Fridericus Caesar.                  Waltherus.

Fig. 5 u. 6.

Fig. 4.

¼₀ nat. Gr.

Grundriß des Hauptportals.                Profil der Pfeiler des Hauptportals.

Auch die Bogenleibungen des Portals ſind gothiſch bemalt mit Blumen und Blät=
tern, gleichwie das Innere der Kirche, das ebenfalls im Jahre 1424 ausgemalt wurde.
Die Thüre ſelbſt iſt, gleich wie jene an der Kloſterkirche in Alpirsbach, mit Leder über=
zogen und über und über mit ſchönen romaniſchen Schmiedeiſenbeſchlägen und Knöpfen
bedeckt, als eines der ſchönſten Beiſpiele dieſer Art. (Fig. 7.)

Kräftig, klar und nicht ohne friſches und feines Leben iſt endlich die Geſimſung der
Faſſade, von der wir (Fig. 8) die Giebelecke des nördlichen Seitenſchiffes geben; das
Hauptglied des Rundbogenfrieſes iſt eine weich geſchwungene Welle. Ganz ähnliche Bil=
dung, nur einfacher, ohne Rundſtäbe und Welle, und blos mit geraden Flächen oder mit
Kehlen wirkend, zeigt die Giebelecke der ſchon genannten Ciſtercienſerkirche in Bebenhauſen.

Derſelbe Schmuck des Rundbogenfrieſes mit ſcharfem Zahnſchnitt darüber zieht ſich
am Hochſchiff rings um die Kirche und läuft auch am Oſtgiebel empor, nicht aber an den
Querſchiffgiebeln. An den Ecken des öſtlichen Kreuzarmes mußten wohl ſchon ſehr bald
des unſichern, theilweiſe ſumpfigen Grundes halber und um beſſere Widerlager gegen das
Chorgewölbe bekommen zu können, die Mauern verſtärkt und gegen unten durch ſchräg=
anlaufende mit romaniſchen Kämpferkapitälen beſetzte Strebepfeiler geſtützt werden. Von

3

Pfeiler zu Pfeiler schlug man dann am östlichen und am südlichen Kreuzarm rundbogige Entlastungsbögen, an der Ostwand des Chores einen ganz großen, der jetzt von dem gothischen Prachtfenster durchbrochen wird. Darunter sieht man die schwachen Spuren einer Malerei. Hier steht auch, etwa 15 Fuß über dem Boden am Eckstein gerade über dem Kämpferkapitäl des südöstlichen Wandpfeilers:

## Hermann ✠

Der Name ist auf den Kopf gestellt und deshalb schwer zu entziffern, aber wir haben hier die noch ins Jahrhundert der Gründung zurückreichende inschriftliche Urkunde eines der bauenden Klosterbrüder.

Fig. 7.

Thüre des Hauptportals. ¹/₁₀₀.

In die Ostwand und in die Südwand des östlichen Kreuzarmes wurde je ein gothisches Prachtfenster, im Stil des berühmten Fensters von Bebenhausen, das 1335 unter Abt Conrad von Lustnau verfertigt wurde, doch nicht von solcher Feinheit und Herrlichkeit, eingesetzt. Nur die nördliche Seite dieses Kreuzarmes hat noch, wenn auch vermauert, seine ursprünglichen Rund-bogenfenster, drei an der Zahl, unten eines, zwei darüber, und zwar mit reicher, wechselnder, sehr wirkungsvoller Profilirung (Fig. 9); sie sind, außer dem Rundfenster an der Front des südlichen Kreuzarmes, das einzige Beispiel von entwickelten Fensterleibungen an allen noch romanischen Bauten des Klosters; alle übrigen noch erhaltenen Fenster haben tiefe glatte Schrä-gen, so die Fenster der Langseiten des Hoch-schiffes und auch der Seitenschiffe, so viele noch zu finden sind, denn im Jahre 1424 kam Abt Albrecht IV. auf den Gedanken, die ganze Kirche überwölben und gegen Süden durch zehn gothi-sche Kapellen erweitern zu lassen. Baumeister war der Laienbruder Berthold, ein in seiner Kunst wohl erfahrener Mann, den wir unten näher kennen lernen werden. Dieser über-spannte die bis dahin außer Querschiff und Chor flachgedeckte Basilika mit Rippengewölben, und legte an das südliche Seitenschiff jene Reihe von zehn gewölbten Kapellen (s. Grundriß). Die Gewölbe des Hochschiffes stützte er durch Strebebögen, die er an hohe, aus den Umfassungsmauern der Seitenschiffe aufsteigende Spitzsäulen anfallen ließ, und so sieht man jetzt aus den Pultdächern der beiden Abseiten je eine Reihe mit Blumen besetzter Spitzsäulen sich erheben (Taf. IV).

Das schon genannte Kapellenschiff erscheint gegen außen (Süden) als ziemlich niedrige

Wand mit zehn breiten, von großlöcherigem spätgothischem Maßwerk erfüllten Spitzbogen=
fenstern. Alle diese Zubauten sind aus rothem Keuperwerkstein, der auch in der Nähe
bricht, während der alte Bau ganz aus dem schönen grünlichgelben, warmtonigen Keuper=
werkstein besteht. Aber nicht blos durch die Farbe, auch durch die Ausführung sticht der
alte Bau bedeutend ab gegen das nicht untüchtig ausgeführte Neuere; namentlich die Ober=
wände des Mittelschiffes mit ihren zehn großen, glatt eingeschrägten Rundbogenfenstern,
darüber dem klaren Rundbogen= und Zahnschnittfriese und dem zartschattigen Kranzge=
simse, scheinen in ihrer ganz feinen Fugung und ganz trefflichen Arbeit wie erst gestern
gemacht. Die nun theils verdeckte, theils verschwundene Umfassungsmauer des südlichen
Seitenschiffes zeigte keine Friese, nur ein schlichtes Kranzgesimse (Fig. 10) und zehn schlanke
Rundbogenfenster, von denen im Innern der Kirche noch die oberen Theile sichtbar sind.

Betreten wir dieses, so empfangen wir auch hier trotz aller gothischen Uebergriffe
den Eindruck eines Baues aus einem Gusse, die hier erscheinenden Hauptformen sind zu
einfach, kraftvoll, ruhig und wahr. Starke rechtkantige, an den inneren Seiten von je einer
kräftigen Halbsäule besetzte Pfeiler tragen die zehn tiefen, einmal sich abtreppenden Rund=
bögen, welche das Hauptschiff mit den Abseiten verbinden und auf denen die hohe Wand
des Mittelschiffes ruht, oben durchbrochen von der das volle Tageslicht spendenden Reihe
der zehn Rundbogenfenster. Statt der ursprünglichen flachen Holzbalkendecken (s. u.
Fig. 35) spannen sich jetzt im Hauptschiffe viel= und scharfrippige Netzgewölbe, in den
Seitenschiffen Rippenkreuzgewölbe ein; der geradgeschlossene, durch den breiten Triumph=
bogen vom Querschiff getrennte Chor hat ein romanisches Rippenkreuzgewölbe: die Rippen
haben eine breite, an den Kanten gekehlte Leibung (Fig. 11), die tragenden hochgestreckten
Ecksäulen sind streng romanisch mit schlichten Würfelknäufen, die Schildbogen schwach gespitzt.

So herrscht jetzt in der Deckenbildung der ganzen langhinabreichenden Kirche
Einheit und Einklang, dazu der prachtvolle Abschluß des Chores durch das große gothische
Fenster, und in der Mitte des Hauptschiffes vor dem Lettner das gewaltige, sandsteinerne
Krucifix, dunkel und schwermuthsvoll anfragend. Die Seitenschiffe wirken auch wesentlich
bestimmend mit, namentlich das südliche, welches durch die zehn gothischen Kapellen noch
bedeutend erweitert und erhellt wird; und doch war gewiß (innen und außen) der frühere
Abschluß durch die schlichte, von zehn schlanken Rundbogenfenstern durchbrochene Wand
viel schöner. Das nördliche Seitenschiff bringt kein Licht, weil hier der Kreuzgang ange=
baut ist; es hat Fensteröffnungen der verschiedensten Form, darunter gegen die Nord=
westecke hin zwei schlanke Rundbogenfenster.

Gar nicht in Betracht bei der Gesammtwirkung der Basilika kommen endlich die
beiden Arme des außen 130 Fuß langen und 34 breiten Querschiffes, weil sie niedrig
sind und sich nur mit je einem schmalen Rundbogen gegen das Hauptschiff öffnen, eine
nur in Maulbronn vorkommende Anordnung; jeder Arm des Querschiffes zerfällt nämlich
in einen 13 Fuß breiten Gang und in je drei ebenso tiefe rechteckige Kapellen gegen Osten
(gewöhnlich sind es nur je zwei, je drei kommen auch in den Cistercienserkirchen zu Eber=
bach und Haina vor), alles von Kreuzgewölben, die sich durch massige Rundbögen von
einander trennen und meist von stämmigen Ecksäulen ausgehen, überspringt: die Gewölbe
des südlichen sind spitzbogig und rippenlos, die des nördlichen rundbogig und mit Rippen
von schwerer rechteckiger Leibung. Vom linken Querschiffarm aus führt eine bequeme, noch
aus romanischer Zeit stammende steinerne Treppe nach dem in einer Länge von 230
Fuß sich hinziehenden D o r m e n t, einst die Wohnung der Mönche, jetzt die der Zöglinge des

Seminars, und unter der Treppe führt ein tonnengewölbter Raum in den Kreuzgang. Düster und dumpf, aber von großem malerischem Reize, sind diese niedrigen Hallen; Licht kommt nur durch die jetzt in spitzbogige vergrößerten Fenster der Ostwand; aus den nackten Sandsteinmauern bringt überall Feuchtigkeit hervor und hat sie mit dunkelgrünen Moosen und weißlich schimmerndem Sinter überzogen. In solche Kapellen zogen sich, wie Caesarius von Heisterbach schreibt, die Mönche nach vollbrachtem Chordienst einzeln zurück, um sich vor den Altären niederzuwerfen, zu entblößen und zu geißeln. Und vielleicht als eine Anspielung darauf erscheinen verschiedene Würfelknäufe der hier stehenden Ecksäulen wie mit starken

Fig. 8.

Giebelecke des nördlichen Seitenschiffes.

Seilen umflochten, besonders in einigen Kapellen des südlichen Kreuzarmes (Fig. 12 und
13). Ueber den Hallen ergaben sich weite
Räume, als Bibliothek, Versammlungssaal,
Schatzkammer, Archiv benützt; der über dem
südlichen Querschiffarm erhielt sich noch mit
seiner Holzbalkendecke, man sieht noch, wie
an die starken Balken Querhölzer unten
angeschraubt sind, in denen flache Bretter ein-
gefalzt waren.

Werfen wir nun wieder einen Blick auf
den Grundriß und auf die darin erschlossenen
Maße. Wir finden bei 240 Fuß ganzer
äußerer Länge 80 Fuß äußere Breite, innere
Mittelschiff- und Chorbreite 30 Fuß, innere
Seitenschiffbreite 17,5 Fuß, also zum Mittel-
schiff so ziemlich im Verhältniß des goldenen
Schnittes (3:5) getheilt; Beginn des Lettners
bei 110 Fuß, des Querschiffes bei 180 Fuß,
Beginn der östlichen Querschiffwand bei 210,

stets von der Westfassade aus gerechnet, fast immer mit 30 theilbare Zahlen und in einfachen Verhältnissen zu einander stehend; ferner Summe der Pfeiler und Umfassungsmauern 15 Fuß; Breite der Seitenschiffe sammt den Pfei-
lern 25 Fuß, hiedurch die Breite der Kirche wieder höchst
einfach zerfallend in 25, 30, 25 Fuß, dann Ausdehnung
der Querschiffarme gleich der doppelten äußeren Seitenschiffbreite 2mal 25 Fuß, und hiedurch wieder die Herrenkirche in der Länge zur Breite wie 1 zu 1. Also überall
eine merkwürdige Harmonie, die sich nun auch in den
kleineren Maßen nachweisen läßt. Wir sehen,
von der Westwand des Schiffes bis zum Chor-
anfang zerfallen die Seitenschiffe in 10 Quadrate,
deren Seitenlänge genau die durchschnittliche
Entfernung von Axe zu Axe der 10 Arkadenbögen ist (und zwar ist die Breite des nördlichen Seitenschiffes genommen, das südliche
ist etwas breiter), wogegen dann das Mittel-

Fig. 9.

¹⁄₄₀ nat.Gr.

Profile der nördlichen Chorfenster.

Fig. 10.

Kranzgesims der Seitenschiffe.

schiff in beinahe 6 Quadrate zerfällt; und zwar gehen die ersten 6 Quadrate der Seitenschiffe gerade bis zum Anfang des Lettners, die 4 weiteren vollends bis zum Anfang des
Querschiffes. Hieraus erklärt sich, warum die Arkaden vom Lettner gegen Osten je um
1 Fuß enger sind, weil ja der Lettner in der vorderen Flucht des sechsten Pfeilerpaares
liegt, und dadurch die Länge der letzten 4 Arkaden um eine Pfeilerstärke (oder 4 Fuß)
verkürzt wird. Man baute wohl, wie schon oben bemerkt, eintentheils von Westen nach

Fig. 12.    Fig. 13.

Fig. 11.

Profil der Kreuzrippen
im Chor.    Capitäle im südlichen Kreuzarm.

Fig. 14.

Osten, und so mochte zur letzten Arkade am Lettner das Maß nicht mehr
zureichen, sie ist enger als die übrigen fünf; anderntheils wurde wohl
vom Querschiff aus gegen den Lettner her gebaut.

Auch die Höhenverhältnisse sind wieder von großer Einfach-
heit, die lichte Höhe des Mittelschiffes beträgt 65 Fuß, das ist gleich
der Breite der Seitenschiffe und der eigenen Breite (2mal 17½ + 30);
und die Höhe der Seitenschiffe, 30 Fuß, gleich der Mittelschiffbreite,
ferner die Höhe bis oben an das Kämpfergesimse der Arkadenpfeiler wieder 17½ Fuß (oder Seitenschiffbreite), das letztere
Verhältnis findet sich auch in der Bebenhauser Basilika, die nur
neun Arkadenbögen hat.

Die Pfeiler (Fig. 14) sind einfach rechteckig und nur an
der Innenseite mit einer starken Halbsäule besetzt; diese ent-
wickelt sich mit einem Eckknollenfüßchen aus der hohen attischen
Basis des Pfeilers und trägt in der Kämpferhöhe desselben
einen scharf umränderten Würfelknauf, auf dem die innere Ab-
treppung des Rundbogens aufruht. Die Kapitäle der Pfeiler

Fig. 15.

Profil des
Leistenwerks
über den
Pfeilern.

Profil der Pfeiler.

sind, ganz wie die der Wandpfeiler außen am südlichen und
östlichen Kreuzarm, aus Welle und Wulst wirksam zusammengesetzt (Fig. 14) und von
ihnen steigt, die tiefen Arkadenbögen rechteckig umrahmend, wohlprofilirtes (Fig. 15)
Leistenwerk auf. Dieselbe Anordnung des rechtwinkligen Rahmenwerkes im Hauptschiff
fand sich schon an der jetzt zerstörten, 1091 eingeweihten Peter- und Paulskirche zu Hirsau
im württembergischen Schwarzwald und ferner, von Hirsau dorthin gebracht, an den säch-
sischen Basiliken von Thalbürgel und von Paulinzelle. Die Würfelknäufe der Halbsäulen
sind meist nur mit glatten (scharfumrissenen) Schildchen versehen; die neben dem Lettner
zeigen mäßige, gleich und streng geordnete Blattzierden (Fig. 16). Im Querschiff treten
von Seiten umflochtene oder Blätter-Kapitäle auf, doch immer mit der Grundform des
schweren Knaufes (Fig. 17—21).

Die Eckknollen wechseln zwischen einfachen und reicheren, immer aber strengen Formen (Fig. 22—24).

An der gegen die Nebenschiffe gekehrten Seite der Pfeiler laufen jetzt halbachteckige, im Jahre 1424 angesetzte Dienste (aus rothem Keuperwerksteine) hinauf, bei denen sich der damalige Baumeister Berthold dem Stil jener romanischen Halbsäulen anschloß; er versah z. B. ihre Füßchen auch mit Eckknollen, behandelte dieselben aber, ganz bezeichnend für die Zeit, höchst frei und abweichend, nämlich als schwungvoll gehaltene, feine, tief-unterschaffte Darstellungen von Fröschen, Krebsen, Skorpionen, Blättern, Zweigen und Früchten. — Hierüber wie über alle gothischen Zuthaten der Kirche bei Besprechung der gothischen Bauzeiten des Klosters.

Fig. 16.

Fig. 17.

Knaufkonsole am linken Vierungspfeiler.

Fig. 18.

Kapital am Pfeiler links vom Lettner.

Knaufkonsole am rechten Vierungspfeiler.

Fig. 19.

Fig. 20.

Fig. 21.

Kapital in der ersten Capelle des nördlichen Kreuzarmes.

Kapital in der zweiten Capelle des nördlichen Kreuzarmes.

Kapital in der Südwestecke des südlichen Kreuzarmes.

Der zwischen dem sechsten Pfeilerpaar aufgebaute steinerne Lettner ist einer der wenigen erhaltenen aus dem zwölften Jahrhundert und ganz im Geiste der Basilika, namentlich der Westfassade, gehalten, belebt von Nischen und Durchgängen, um die sich die attische Basis der Arkadenpfeiler als wirkungsvolles Rahmenwerk herzieht. Kräftiges Schachbrettmuster, das auch in Bebenhausen vorkommt, bildet die Krönung. An seiner Westseite öffnet sich eine große rundbogige Flachnische zwischen zwei schönen Rundbogen-pforten, weiter gegen außen je eine schmale Flachnische; in der nördlichen erhielt sich noch eine halbvergangene romanische Malerei, die h. Dorothea mit dem Christuskind auf einem Teppichmuster. Aehnlich markig und wohlthuend, nur mit rechteckigen Umrahmungen um die beiden Pforten (Fig. 25), ist die gegen den Chor gekehrte Seite des Lettners gegliedert, und beide Fronten, jetzt großentheils verstellt, mußten, als ihre Malereien noch schimmerten, von einer schönen Wirkung gewesen sein. In den Seitenschiffen liesen steinerne Schranken herüber, von denen im nördlichen sich noch Reste mit einem sehr schönen Rundbogenfries an der Chorseite (Fig. 26) erhielten. Die Steinschranke des süd= lichen Seitenschiffes ist verschwunden, sie wurde in spätgothischer Zeit durch eine hölzerne ersetzt, die noch vorhanden, aber bei Seite gestellt ist.

Bis hieher, bis an den Lettner, gieng die Laienkirche, der sogenannte Bruder= Chor, und schloß den der Klostergeistlichkeit vorbehaltenen, um 20 Fuß längeren Herren Chor ab.

Fragen wir endlich nach dem Stil der Verzierungskunst der hiesigen Cisterzienser, soweit er sich an der Kirche zeigt, so müssen wir ihnen das Zeugniß geben, daß sie mit höchst wenigen Mitteln einfach große, kraftvolle und dabei oft sehr anmuthige Wirkungen erzielten; auch mildert sich an hervorragenden oder auch an unbewachten Stellen die strenge Ordnung durch das bescheidene Eindringen zierlicher Seil= oder Blätterornamentik. Die

Fig. 22.        Fig. 23.        Fig. 24.

Schknollen.

Hauptform der Kapitäle, der volle Würfelknauf mit scharf umrissenen Schildwänden und schneidigen, glattgemeißelten Gräten an der starken und rauh behauenen Wölbung des Knaufes ist in hohem Maße streng und bedeutend (Fig. 28). Mitunter sind die Schild= chen mit Scheibchen oder Rosettchen besetzt, wie am ersten Pfeilerpaar, oder auch, wie an den Pfeilern beim Lettner, mit palmettenartigem Laubwerk freundlich geschmückt. Ver= lassen wird die Würfelknaufform mit Schildchen an den zwei vorderen Vierungspfeilern, an denen sowohl die beiden, statt der Halbsäulen angebrachten Konsolenkapitäle, als auch die Ecksäulen mit reichem Laubwerk (Eichenblätter und Trauben) ganz bedeckt sind; als Grundform wird aber immer der volle Würfelknauf beibehalten. Die Kapitäle der Quer= schiffkapellen gehen bei derselben Grundform von der Umschnürung aus, theils in ein= fachen Verschlingungen, theils blicken aus den Maschen des Netzwerkes Palmetten oder Rosettchen, Trauben und Blätter heraus, so an den Kapitälen der zweiten Kapelle des nördlichen Kreuzarmes, wo zwischen die Netzmaschen Rosettchen, Trauben und das einfach schöne Blatt des Arum gelegt sind. Sonst wird, wie am Aeußern des Gebäudes, aus= schließlich durch kraftvolle Gliederungen, die besonders auch zu Rahmenwerk benützt werden, gewirkt, und man muß bei der Handhabung dieses im Grund höchst einfachen Mittels alles Lob spenden; der Eindruck ist immer ein gediegener, gewichtiger, klar und feierlich bewegter; — und so wäre nun, genau nach der Vorschrift Bernhards von Clairvaux, die ganze Kirche ohne irgend ein Fratzengebilde aufgeführt; das= selbe ist von den andern Klostergebäuden zu sagen. Wohl ein sehr großer Abstand gegen die gleichzeitigen Bauten in Schwaben zu Gmünd, Faurndau, Brenz, Lorch, Denkendorf

u. f. w., an denen das thier= und menschenähnliche Fratzenwerk einen Hauptbestandtheil der Bauzierden bildet, an denen, wie im geraden Gegensatz zu den Cisterzienser=Ordens= kirchen, diese Zierkunst oft in der ungezügeltsten Laune sich gehen ließ.

Wenn man sich im ersten Jahrzehnt des 13. Jahrhunderts dem Kloster von Westen her näherte, so erblickte man die ganze 300 Fuß lange Schauseite der Kirche und des Klosters als ein zusammenhängendes, festgeschlossenes Ganzes. Zur Rechten die Kirche, über drei Stufen erhöht und mit dem Oberschiff hoch emporstrebend, zur Linken das Kloster, etwas zurücktretend und nur bis zur Traufe der Seitenschiffe reichend, aber doch zusammen eine ganz einheitliche mächtige Front bildend und diese Gebäude enthielten, ganz ähnlich wie das Mutterkloster Cisterz (Citeaux), mit dessen Plan Maulbronn die

Fig. 25.

Ansicht des Lettners vom Chor aus. ¹/₄₀ nat. Größe.

größte Aehnlichkeit hat (s. weiter unten bei Besprechung des ganzen Situationsplans), den Vorrathskeller, das Refektorium und oben die Wohnung der Laienbrüder (Conversi). Schon nach dem Jahr 1220 wurde jedoch der Kirche jene prachtvolle Vorhalle im Ueber= gangsstil vorgelegt und in spätgothischer Zeit wurde die Faßade des Klosters selbst be= deutend verbaut durch einen rippenkreuzgewölbten Arkadengang, auf dem gerade vor dem alten Klostereingang noch ein Stockwerk mit schlankem Giebel sich erhebt; endlich wurde noch vor die Faßade des Laienrefektoriums ein großes modernes Haus gestellt und auf das Refektorium selbst, mit Beibehaltung der alten Mauern des zweiten Stockwerks, das jetzige mehrstockige Oberamtsgerichtsgebäude gesetzt. Glücklicher Weise erhielt sich hinter dem spätgothischen zweistockigen Vorbau, jetzt in einer Holzlege, die ursprüngliche Gestalt der Außenwand des zweiten Geschosses der romanischen Klosterfaßade, nämlich ein schwer umwulstetes Rundbogenportal, mit je zwei schmalen Rundbogenfenstern zur Seite, durch das man früher auf die Plattform einer kurzen romanischen Vorhalle, welche sich unter jenen vier Fenstern hinzog und den vor dem Eingang zum Kloster Stehenden Schutz gewährte, hinaustrat; es haben sich von ihr Andeutungen an der Wand erhalten.

Wie schon oben gesagt, 120 Fuß von der Are des Hauptportals, oder 80 Fuß von der Ecke der 80 Fuß breiten Kirche entfernt liegt die Are der Hauptpforte, des Klosterein= und durchganges, ein 45 Fuß langer, 18 Fuß hoher tonnengewölbter Gang, nach außen,

Ursprüngliche Kloster-Façade

Laienrefektorium

Durchgang

Keller

wie nach dem Kreuzgang, mit ganz demselben Rundbogenportale sich öffnend (Fig. 28). Diese beiden, wie von einer Hand gearbeiteten Portale, ziehen sich einmal eingetreppt mit Wulst, Welle und Rundstab ernst und würdig umher und zeigen auf jedem Stein des äußeren glatten Umrahmungsgliedes, sorgsam eingeritzt, eine schöne heraldische Lilie, auf dem innern ein großes lateinisches W.

### Vorrathskeller, Laienrefektorium, Herrenhaus.

Der Vorrathskeller, rechts am Durchgang, und links von demselben das Laienrefektorium, sind mit dem Durchgang zusammen fast genau 5 mal so lang als breit (5 mal 45 Fuß) und erscheinen gegen außen auf allen drei freien Seiten in derselben Weise durch jene Leisten gegliedert; nur sind jetzt im Kreuzgange die Lisenen weggespitzt, man

Fig. 26.

Rundbogenfries an der Keltnerschranke.

findet ihre Spuren an der unten noch umherlaufenden Sockelwulst und auch an der Wand selbst; doch reichten sie nicht hoch hinauf, und von ihnen giengen breitspitzbogige, jetzt auch weggespitzte Entlastungsbögen aus, die in der ganzen Wand dieses Kreuzgangflügels sich

Fig. 27.                                          Fig. 28.

1/10 nat. Gr.

Würfelknauf-Console im südl. Kreuzschiff.          Profil des Klostereingangs.

hinzogen. Hier lief wohl oder sollte laufen der ursprüngliche Kreuzgang, während die gegen den jetzigen Kreuzgang gekehrte Außenwand der Kirche ganz glatt ist. Vom Klosterdurchgang führt rechts eine Thüre in den großen Vorrathskeller, der an der Schauseite (Westseite) mit einem weiten Rundbogenportal und einigen tiefeingeschrägten Rundbogen- und Rundfensterchen sich öffnet, sonst nur durch das ernste Rahmenwerk eingetheilt wird. Ganz unten an seiner zweiten Lisene, rechts vom Klostereingange, steht

## ANNO.AB.ÏCARNACIONE.DNÏ·OZ.CC·I

Anno. ab. incarnacione. domini. 1201, eine der ältesten Inschriften unseres Landes mit Jahreszahl. Innen wird der dunkle, 70 Fuß lange, gegen 37 Fuß breite und 24 Fuß hohe Raum, dessen Boden bedeutend tiefer als die anstoßenden Räume liegt, von

4

ſechs mächtigen Rippenkreuzgewölben von breiter, rechteckiger Leibung überſpannt, die auf zwei achteckigen Pfeilern mit einfachen abgeſchrägten Kämpferkapitälen ruhen. Die Quer= gurten ſind breit ſpißbogig. Das Laienrefektorium, links vom Kloſterdurchgang, mit einer äußeren Länge von 3 mal der äußeren Breite (45 Fuß), dehnt ſich als der

Fig. 29.

Fig. 30.

**Kapitäle im Laienrefektorium.**

längſte bedeckte Raum des Kloſters hin und wird in der Mitte von 7 Doppelſäulen durch= ſtellt, die auf ihren prächtigen Blätterkapitälen rippenloſe Kreuzgewölbe tragen. Seine beiden urſprünglichen, jeßt vermauerten Pforten, eine zum Eintreten, die andere zum

Fig. 31—32.

**Säulen im Laienrefektorium.**

Hinaustreten, liegen am Kloſterdurchgang und werden von ſehr ſtarken geraden Oberſchwellen bedeckt. Der Raum, innen 126 Fuß lang, 37 Fuß breit und halb ſo hoch, iſt in jeder Hin= ſicht großartig; die Fenſter, wie die Säulen, überall gedoppelt, innen geradgeſtürzt, außen halbrund, haben in der Mitte über ſich ein Rundfenſter und werden ſammt dieſem innen umfaßt von einem ſehr ſpißen, aus der Wand etwas herausragenden Entlaſtungsbogen. Dieſe Bögen gingen früher weiter herab und ruhten auf breiten, jeßt von der Wand weggeſpißten Konſolen, deren Umriſſe noch zu erkennen ſind. Die jeßigen Gewölbe ſind neuer, urſprünglich waren es ohne Zweifel derbe Rippengewölbe, wofür auch der in der Nordweſtecke befindliche, von Seilen umflochtene ſpätromaniſche Tragſtein ſpricht. In unſeren Tagen wurde die Halle unter großen Schwierigkeiten, weil jeßt auf ihren Gewölben das mehrſtockige Oberamtsgerichts= gebäude ruht, erneuert und die Säulen ſammt Kapitälen neu eingeſeßt; die alten Kapitäle, die den jeßigen als Vorbilder dienten, ſind noch in den Fenſterniſchen aufgeſtellt. Dieſe Kapitäle nun, gleichwie auch ſchon die Zu= ſammenordnung der Fenſter, bezeugen eine bedeutende Veränderung im Stil; ſie ſind nämlich die älteſten in Maulbronn, welche die Kelchform annahmen, während ja noch ſämmtliche Kapitäle der Kirche die ſchwere Würfelknauſform haben. Auch treiben ſich an ihnen die Blätterzierden in einem Zuge strebend empor, während in der Kirche die Blätter schuppenartig, oder von Seilnetzen umschnürt, schüchtern hervortreten. Auch die Säulen-basen verlassen die steile attische Form, werden platt, weich geschwungen, eingehöhlt und ragen, alles in französisch-gothischer Weise, über den Sockel hinaus. Solche Formen, die wir dann weiter geführt sehen an dem östlicher gelegenen, nur durch die frühere Klosterküche vom Laienrefektorium getrennten Herrenrefektorium und weiterhin an

Fig. 33.

Profil des oberen Portals der Klosterfassade.

der Vorhalle vor der Kirche und dem ebenso glanzvollen an der Nordseite der Kirche hinlaufenden Flügel des Kreuz-ganges. Die Kapitäle des Laienrefek-toriums, deren Formen sich einmal wiederholen (Fig. 29—32), verbinden mit einer überraschenden Größe im Ent-wurf, die durch die Doppelung noch gesteigert wird, eine gar feine und an-muthige Belebung der Hauptformen durch winzige Schmuckzierden, wie Diamanten, Zahnschnitte, Perlreihen.

Fig. 34.

¼₀ nat. Gr.

Die Gesimse am obern Stock der Klosterfassade.

Außen ist das Laienrefektorium majestätisch belebt durch die rund-bogigen Doppelfenster mit dem Runde darüber, gleichsam die älteste urthümlichste Form des gothischen Maßwerks, und allemal umfaßt von der ernsten rechteckigen Rahmung (s. auch Taf. III).

Fig. 35.

Brunnen in der alten Form.

Am oberen Rahmengliede jenes schwerumwulsteten Rundbogenportales des zweiten Stockwerks (Fig. 33) sind viele Sternrosettchen und einzelne Masken ausgemeißelt.

Eine steinerne, jetzt abgebrochene Wendeltreppe führte früher innen an der Ostwand des Refektoriums hinauf in das zweite Stockwerk, die Wohnung der Laienbrüder, die wohl zugleich, wie auch das Laienrefektorium selbst, zu der zeitweiligen Aufnahme und Speisung so mancher hier vorbeikommenden Pilger diente; und daß gerade Maulbronn dieser Richtung des Ordens, einer ausgebreiteten Gastfreundschaft, volles Genüge thun wollte, dafür spricht auch seine Errichtung ganz in der Nähe der Kaiserstraße von Cannstatt nach Speier.

Noch in die Gruppe der strengromanischen Klostergebäude, und zwar noch in das

Fig. 36.

¹⁄₁₀₀

Arkadengang des Herrenhauses.

zwölfte Jahrhundert, gehört endlich das Herrenhaus, 105 Fuß lang und halb so breit, das, wie schon bemerkt, an der Nordostecke der Klosteranlage liegt und wieder beweist, in welch ausgedehnter Weise gleich zu Beginn das Kloster aufgeführt wurde; am besten erhielt sich an dem Herrenhause der an seiner Südseite, am großen, malerisch verwachsenen

Fig. 37—42.

¹⁄₂₀   ¹⁄₂₀

Details vom Arkadengang des Herrenhauses.

Klostergarten hinziehende flachgedeckte Gang, sich öffnend mit zwei schönen noch strengen Arkadenfenstern, deren stark verjüngte Knaufsäulen breite Anfsätze tragen. An der Rück=wand des Ganges sind rundbogige Thüren und Fenster, und die eigentlichen Umfassungs=mauern haben jetzt meistens Fensterchen aus ziemlich frühgothischer Zeit. Das Gebäude, ursprünglich mit Herrengemach, Fürsten=Tafelstube und Herrenbad für Besuche der Schirm=herren eingerichtet, später weltlichen Beamtungen zugewiesen, wurde nach Abbruch der

weſtlich daran ſtoßenden **Prälatur** die Wohnung des evangeliſchen Prälaten und Vor-
ſtandes der Kloſterſchule. Auch die beiden unteren Schalen des Brunnens (Fig. 35) in
der Brunnenkapelle, wovon die unterſte Schale noch am alten Platze ſteht, weiſen auf
die frühe Zeit (ſ. auch u. S. 41).

**Rückblick.** Faſſen wir noch einmal die Kirche und die andern romaniſchen Gebäude
ins Auge. Nach wiederholten Unterſuchungen der Umfaſſungsmauern und des Dachwerks der
Kirche ergab ſich, daß dieſelbe in ihrer geſammten Anlage, mit Querſchiff, Strebepfeilern
und Blendarkaden des Chores und mit dem Chorgewölbe, noch ganz in das romaniſche
Zeitalter zu ſetzen iſt. Jene ſchiefanlaufenden Strebepfeiler und weiter hinauf jene vorgebliebenen Bögen und ſtarken Wandbänder müſſen zur Zeit, da der urſprünglich mit
flachen Eckliſenen begonnene Chor nur erſt bis zum Fenſtergeſims reichte, als Verſtärkung

Fig. 43.

Urſprüngliche Balkendecke der Kirche.

wegen des noch heut zu Tag unſicheren Grundes, eingeſetzt und vorgemantelt worden
ſein; hiefür ſprechen ſowohl die Fugung ihrer Steine, als auch die daran angebrachten
**Steinmetzzeichen** (ſ. u.), die mit denen innen im Chor und an der ſehr alten Weſtſeite
der Kirche übereinſtimmen, wie ſich ſogar der am ſüdöſtlichen Verſtärkungspfeiler des
Chores eingemeißelte Name **Hermann** an dem vom Hauptſchiff in das ſüdliche Querſchiff führenden halbrunden Arkadenbogen wiederholt.

Die vorgebliebenen verſtärkenden Strebepfeiler und Arkadenbögen des ſüdlichen Quer-
ſchiffarms, deſſen Ecken nie mit Liſenen beſetzt waren, wurden gleichfalls, wie ihre zahlreichen Steinmetzzeichen (ſ. u.) beſagen, noch während des Baues der Kirche angefügt.

Endlich iſt auch das Chorgewölbe urſprünglich und ſo alt, wie die noch heute in
deutlichen Reſten erhaltene, unten an die Balkenlage angeſchraubte Holzdecke der alten
Baſilika (ſ. Fig. 43). Schon der Dachſtuhl des Chores macht mit ſeinen fünf öſtlichſten,
vom dritten an in den Deckenbalken unterbrochenen Gebinden noch heute den Eindruck,
daß er mit Rückſicht auf das Gewölbe ſorgſam ausgeſpart wurde; doch ließe ſich am
Ende eine ſorgfältige und regelmäßige Unterbrechung und Auswechſelung auch denken
bei ſpäterer Ausführung des Gewölbes. Entſcheidend aber iſt ein anderer Grund: wäre
das Gewölbe nämlich ſo und ſo viele Jahre nach der Einweihung, etwa zur Zeit des
Uebergangsſtiles, eingeſetzt worden, ſo hätte ſich die über allen übrigen Räumen der Kirche

gleichförmig verbreitete Holzdecke (f. Fig. 41) auch über den Chor erstreckt und es müßten sich an seiner Balkenlage, die ganz genau mit der des Hoch= und Querschiffes überein= stimmt, wenn nicht die Reste dieser Holzdecke, so doch jedenfalls die Schraubenlöcher dazu an den Unterseiten der Balken vorfinden. Von diesen Schraubenlöchern, die sich an den Deckenbalken des Hoch= und Querschiffes noch überall mit Händen greifen laffen, ist aber an den Balken des Chores keine Spur. Wir dürfen gewiß die Vollendung des Chor= gewölbes kurz vor das Jahr der Einweihung (1178) ansehen, für welch hohes Alter auch die mächtige Dicke der Gewölbekappen, sowie die Form der Ecksäulen und der Kreuzgurten (f. Fig. 11) einstehen. Gerade das Profil der Gurten weist so recht in die Zeit zwischen altromanischem und Uebergangsstil; zu diesem war noch ein bedeutender Schritt zu machen.

Fig. 41.

Längenschnitt durch das Querschiff.

Anders verhält es sich mit dem Gewölbe der (schmalen) Vierung und dem in die= selbe führenden Scheidebogen; beide stammen erst aus der Zeit der Ueberwölbung der drei Schiffe mit spätgothischen Rippengewölben, um das Jahr 1424. Die Kirche hatte bis dahin eine Vierung durchaus nicht markirt. Für die spätgothische Zeit des Vierungs= gewölbes und des Scheidebogens sprechen außer den Profilen die den Bogen tragenden Konsolen, die auf den ersten Anblick als romanisch erscheinen, den Kämpferkapitälen des entschieden romanischen Triumphbogens jedoch nur nachgebildet sind. Bei genauerer Be= trachtung erhellt, daß einzelne ihrer Glieder gothisiren; — und gleichsam um spätere Zeiten nicht irre zu leiten, haben die Steinmetzen, welche die Konsolen schafften, jede davon mit einem spätgothischen Steinmetzzeichen versehen, wie solche an den ums Jahr 1424 errichteten Bautheilen der Kirche häufig sind. Zum Ueberfluß zeigt dann das über dem Scheidebogen aufgeführte Mauerwerk wieder eine Menge spätgothischer Steinmetz= zeichen aus ebengenannter Zeit. Der Scheidebogen wurde lediglich für den noch jetzt darauf sitzenden hohen Dachreiter aufgeführt.  Der Dachstuhl desselben, unordentlich und mit ausnehmender Holzverschwendung aufgerichtet, besteht aus lauter Eichenstämmen, der einfache klare romanische Dachstuhl, der außer diesem kleinen Theil über der Vierung noch das ganze Gebäude bedeckt, aus Tannenstämmen.

Wie schon oben zu beweisen gesucht wurde, gieng der Hochbau der Kirche gleichzeitig von Osten und von Westen aus; man betrachte nur noch einmal die westlichen Portale und jene erst mit dünnen Lisenen versehene, jetzt mehrfach ummantelte Ostseite des Chores — und durchaus nicht damit im Widerspruch stehen die an der Kirche innen und außen scharf eingeritzten Steinmetzzeichen, die gleich einer schwer zu enträthselnden Runenschrift über das Gebäude sich hinziehen, doch so, daß an den ältesten Theilen gar keine oder nur ganz wenige vorkommen, - am Hauptportal sind gar keine, dagegen schon an den Seitenportalen: Chor und Westseite haben die wenigsten, die Arkaden des Mittelschiffes, Pfeiler und Bögen, schon viele.

Wir geben zuerst die Steinmetzzeichen an der Kirche, von Osten nach Westen.

Am Chor innen: ᛚᛇ

Außen, besonders an den Verstärkungsmauern: F C O ᛉ +

An und über dem in den südlichen Querschiffarm führenden Bogen, woran wieder der Name Hermann eingeritzt ist: ᚺ �594 ᚻ ᚢ B

Dieselben Zeichen wiederholen sich am gegenüberliegenden Bogen.

An den drei ersten nördlichen Pfeilern und Bögen bis zum Lettner:

B ᚺ ᛉ ᚠ H V ᛜ ᛝ R R ᚠ ᛜ ᛝ E D ᛉ

An den drei ersten südlichen Pfeilern und Bögen bis zum Lettner:

R ᚤ Ɛ 1 D ᛙ R ᛒ ᛒ X

An den Pfeilern am Lettner: ▯ �丰 ᛙ Ɛ ᛥ

An den 5—7. Pfeilern ꝛc., südlich und nördlich: D O 6 ᛅ丰 B V X R ᛙᚱᛁ

An den 8. Pfeilern ꝛc.: I ᛙ ᛉ Ⳑ △ ᛙ ▯ C

An den 9. Pfeilern ꝛc.: ⊥ B D O ~ + ↑ ⋀ △

An der Westwand der Kirche innen: ᛒ ᛈ ▯ ᛠ O O F

außen: ᚪ ⊶ ᚷ O ᚻ ᛖ

Endlich an den Strebepfeilern des südlichen Querschiffarmes:

ᚠ ᛉ ᚠ V R T B ᛩ

Am südlichen Querschiffarm (Südseite, mehr in der Höhe):

U B ᚪ 丰 ᚪ H ᚩ ᛉ

Am Hochschiff außen (Südseite): + ᛉ V ↑ ᛙ O

Als das zweitälteste Gebäude erscheint dann jedenfalls das Herrenhaus. (Fig.37- 42.)

Der Bau der nördlich an die Kirche stoßenden, mit ihrer Westseite in einer Flucht liegenden Räume (Vorrathskeller und Laienrefektorium) mag, aus den Formen und den

Steinmetzeichen zu schließen, gleichzeitig mit den hohen Theilen der Kirche oder sofort nach Vollendung der Kirche begonnen haben, und zwar gieng der Bau von Süden gegen Norden, denn am nördlicheren Raume, im Laienrefektorium, greift in der Fenster- und Säulenbildung schon der Uebergangsstil herein. Unten an der zweiten Lisene, rechts vom Klostereingang, haben wir die sichere Jahreszahl 1201; hinter diese Zeit fällt jedenfalls der Ausbau des Laienrefektoriums; es ist ein kleiner Schritt von ihm hinüber zu den Bauten des ausgesprochenen Uebergangsstils. Die Steinmetzeichen sind folgende:

An der Westfront des Klosters, am Keller: ⚶ W H ↑ U

am Laienrefektorium: ㅓ U ᾼ ᾧ I W Z

Die Vorhalle, von innen gesehen.

Nach neuesten Ausgrabungen hat sich nun auch das Erdgeschoß des 1751 abge-brochenen Abtshauses, der späteren Prälatur, das zwischen dem Dorment und dem Herrenhaus lag, als in die romanische Zeit zurückreichend ergeben. Man fand scharf gearbeitete viereckige Pfeiler mit strengen, aus Platte und Schrägen zusammengesetzten Kämpferkapitälen.

Ansicht der Vorhalle der Liebfrauenkirche zu Blaubeuren.

# Die Bauten des Uebergangsstils.

Ju dem dritten Jahrzehnt bis gegen die Mitte des dreizehnten Jahrhunderts erstehen in Maulbronn (z. Th. an Stelle hölzerner Hilfsbauten) steinerne Gebäude, deren Aus= führung längst vorgesehen war, die nun aber im Stil und nun wohl auch in der Höhen= entwicklung eine bedeutende Steigerung erfuhren: das Herrenrefektorium, ein Drittheil des Kreuzganges, die Vorhalle der Kirche, diese ursprünglich nicht vorgesehen, der große Keller, östlich vom Herrenrefektorium, die Grundmauern der Brunnenkapelle wie der Kapelle des Kapitelsaales und noch einige Umfassungsmauern.

Die drei zuerst genannten Bauten, zugleich die bedeutendsten dieser Gruppe, stehen mit einander in genauem stilistischem Zusammenhang und müssen beinahe ganz gleichzeitig mit einander errichtet worden sein; wir beginnen mit der Vorhalle, angebaut an die Schaufeite (Westseite) der Kirche, und wie alle diese Vorhallen, das Paradies genannt; es ist vielleicht nicht das älteste der drei Gebäude, aber dasjenige, welches die neue Stil= richtung am entschiedensten zur Geltung bringt.

## Die Vorhalle.

Dieselbe mißt außen in der Länge ohne Strebepfeiler 81 bei einer Breite von 29 und einer Höhe von gegen 30 Fuß, innen in der Länge 75 bei einer Breite von 26 und einer Höhe von 25 Fuß, und setzt sich zusammen aus drei quadratischen Rippen= kreuzgewölben, die außen an den kräftigen Strebepfeilern ihr Gegengewicht finden. Da= zwischen öffnen sich weite, hohe und herrliche Säulenfenster; alles im Einzelnen mit be= wunderungswürdigem Schönheitssinne durchgeführt, so daß diese Vorhalle, innen wie außen betrachtet, zum köstlichsten gehört, was der Uebergangsstil und damit die Baukunst in Deutschland überhaupt hervorgebracht hat. Auch sieht man sich vergeblich nach einem Vorbilde um; der Entwurf ist so frisch als kühn, während die einzelnen Gliederungen und Ornamente genau dem Zuge der Zeit, und zwar dem glänzenden und feinen rhei= nischen Uebergangsstile, folgen. Neu ist die Bildung der Gewölbe und der Fenster. Die drei quadratischen Rippenkreuzgewölbe haben wagrechte Scheitel und sämmtliche Bögen im Halbkreis; dieß konnte aber nur dadurch erlangt werden, daß man die Kreuzrippen mit ihren Ausgangspunkten bedeutend tiefer herunterreichen und auf nur halb so hohen Säulen ansetzen ließ; man gewann hiedurch sowohl eine große Regelmäßigkeit der Bögen als auch den Eindruck der Kühnheit und Weitheit durch die so tief sich herabneigenden Kreuzrippen (s. auch die Abbildungen). Dazu das Aufsteigen der prachtvollen, bis zu fünf, sieben, ja bis zu neun zusammengehäuften Säulen. Ebenso überraschend ist die Bildung der Fenster, mit vollem Bewußtsein von der Gothik, aber noch ganz mit roma= nischer Kraft in Gliederungen und Maßwerk (s. Seite 32). Das Bogenfeld, getragen von einer fast überschlanken Säule, wird erfüllt von einer starken Steinplatte, in die je zwei hohe, unten offene Kleeblätter ausgemeißelt sind, dazwischen eine ebenso profilirte Rund= öffnung. Die Gliederung geht hauptsächlich in die Tiefe, durchsetzt die Steinplatte ihrer

5

ganzen Dicke nach, was von schönster und lebhaftester Wirkung sein muß. Leider wurden bei der letzten Restauration die ursprünglich wagrechten Fensterbänke zu beiden Seiten abgeschrägt. Wichtig sind auch die Verhältnisse der Fenster: Höhe der Fenster im Lichten 15 Fuß, das ist die Hälfte der ganzen Höhe der Faßade (30 Fuß oder eine Mittelschiff= breite), lichte Weite des Fensters 7½, oder die Hälfte der lichten Höhe, und wieder die Schafthöhe der nicht viel über einen halben Fuß dicken Fenstersäulen 10 Fuß, mithin ein Drittheil der Faßadenhöhe. Endlich ist die lichte Weite des Doppelportals genau gleich seiner lichten Höhe. Dieses ist einfacher als die Fenster gehalten und zeigt in jedem seiner zwei vollen Bogenfelder eine kräftige Blätter=

Fig. 45.

Steinkreuz auf dem Treppenthürmchen der Vorhalle.

rosette, ähnlich denen innen an den Schlußsteinen des Ge= wölbes. Die fast ungegliederten, anderthalbmal so tiefen als breiten Strebepfeiler tragen schwere, von lilienför= migem Knauf bekrönte steinerne Satteldächer, stehen an den Ecken über's Kreuz und zwar so, daß die eigentliche Ecke frei bleibt. Einen schönen Abschluß bildet das zier= liche, mit Konsolen besetzte Kranzgesimse, das sich um die ganze Vorhalle, wie auch um das Herrenrefektorium und den gegen Norden schauenden Flügel des Kreuzganges hinzieht. Dieselben Konsolen treten aber auch für sich im Innern der beiden zuletzt genannten Gebäude sehr häufig auf; an ihren zwei schildförmigen Flächen sind sie fast immer mit zwei von einander abgekehrten Halbmonden geschmückt (s. u. Fig. 71.) Hier drängt sich nun die Vermuthung auf, ob da nicht ein Bezug auf das ebenfalls zwei von einander abgekehrte Halbmonde zeigende Wap= pen des Magenheimschen Geschlechtes vorliegt, welches zu dieser Zeit das nahe Zabergäu beherrschte, dessen ge= waltige Burgen noch vorhanden sind und dessen sehr alte, inschriftlose, nur mit dem Halbmondschild geschmückte Grab= platten sich noch heute auf dem Michelsberg und im Kreuz= gang von Maulbronn (s. u.) erhalten haben. Auch findet sich in einem der zwei Bergfriede der Burg Neipperg im nahen Zabergäu am Treppenaufgang dieselbe Konsole mit den zwei abgekehrten Halb= monden und daneben ist ein steinerner Ring (das Wappen der Neipperg hat 3 solcher Ringe) ausgemeißelt. Das oberste Geschoß eben dieses Thurmes hat prächtige Säulen= fenster ganz in der Form des Maulbronner Uebergangsstils.

Das Geschlecht der Magenheim erscheint schon im Jahre 1147 urkundlich und tritt von nun an sehr häufig und bedeutend auf, namentlich zu Beginn des 13. Jahrhunderts; in den Jahren 1207 und 1220 wird genannt Ulrich, als Chorherr zu Speier, im Jahre 1207 ein Siboto, gleichfalls Chorherr zu Speier, im Jahre 1231 Konrad als Zeuge König Heinrichs VII. Näheres s. die amtliche Beschreibung des Oberamts Brackenheim, S. 210 ff.

Die Schmalseiten der Vorhalle durchbricht je ein schmäleres und darum spitzbogiges Kleeblattfenster, um dieselbe Höhe zu gewinnen, daneben gegen Norden eine spitzbogige Pforte, gegen Süden eine, gleichwie das Hauptportal, mit geradem Kleeblattsturz, und an der Südostecke erhebt sich ein rechteckiges Thürmchen mit ganz kleinen Rundbogenfen=

fterchen und einer auf den Dachboden der Vorhalle führenden steinernen Wendeltreppe; seinen nach Süden schauenden Giebel krönt ein sehr schönes und großes, auch in den Formen des Uebergangsstils gehaltenes Steinkreuz (Fig. 45).

Das Innere der Halle entzückt neben seinen schon oben beschriebenen, reizvollen Gewölbformen durch die Menge seiner herrlich kapitälirten Säulen, über siebenzig auf so engem Raum; alles ist voll Anmuth und Leben, und welcher Abstand gegen die harten, stumpfen, beinahe steifen Formen der drei streng romanischen Rundbogenportale der Rück- wand, zugleich die Westwand der Klosterkirche, an welche die stolz aufstrebenden Säulen- bündel und Gewölbrippen ohne besondere Umstände hingeklebt sind. Nur sechzig bis siebenzig Jahre liegen dazwischen, und wie sehr hat sich seitdem die Baukunst entfesselt; aus den platten, breit an die Wand gedrückten Wulsten wurden frei vor die Wand gestellte rohrschlanke Säu- len, aus den schweren Gewölbgurten von rechteckiger Leibung — halbrunde Rippen, in die zu Seiten schattige Kehlen eingerissen sind und deren Scheitel durch einen zarten Steg wirksam markirt werden. Statt der in sich geschlossenen Würfelknäufe, bescheiden belebt mit Lineamenten oder arabeskenhaftem Blatt, erschei- nen hohe Kelche, an denen streng stilisirte Blätter keck und schwungvoll hinaustreten; statt des steilen atti- schen Fußes mit schweren und scharfen Eckknollen sind jetzt die Füßchen wie gepreßt und aus dehnbarem Stoffe, so daß die Plättchen dünn werden, die Kehlen tief sich einziehen, die großen Rundstäbe biruförmig scharf hinausquellen; die Eckknollen sind

Fig. 46—49.

Säulenbasen und Wirtel in der Vorhalle.

verschwunden oder wurden in leicht hingelegte Blätter aufgelöst, u. s. w. (s. Fig. 46—49.)

Die Säulen werden, mit alleiniger Ausnahme der in den Fenstern stehenden, in der Mitte des Schaftes von Wirteln umfaßt, ihre Kapitäle breiten sich nach oben weit hinaus nach der viereckigen, weich und voll gegliederten Deckplatte und sind belebt mit den so schönen, klaren, immer wechselnden Blättern, die an den Enden sich graziös umschlagen oder aufrollen; zuweilen herrscht ein etwas maurischer Schnitt.

Die Arbeit ist in großen Linien geführt, nebenher laufen ganz feine, dem Erzstil ent- nommene, diamanten- und perlenartige Zierden (s. Fig. 50, Fig. 53—55). Die Gewölbrippen sind noch einfach und ungetheilt, bestehen aus einem mächtigen Rundstab, in den zu Seiten je eine halbrunde Kehle gerissen ist und an dessen Scheitel ein feiner Steg hinläuft (s. Fig. 56). Die drei großen Schlußsteine gleichen, wie schon bemerkt, den im Bogenfeld des Portals angebrachten reichen und tief unterschafften Rosetten (s. Fig. 51—52). An den Gewölben entdeckt man noch Spuren von spätgothischer Bemalung, wovon weiter unten.

Noch ist zu erwähnen, daß das Portal in der Axe der Kirche, aber gerade deßhalb nicht in der der Vorhalle sitzt; wie man leicht an ihrer Schauseite sieht, ist nämlich seine Entfernung vom südlichen Strebepfeiler geringer als die vom nördlichen. Dies erklärt sich dadurch: man hielt den Mittelpfeiler des Portales in der Kirchenaxe fest und begann mit dem Bau im Großen, der Aufrichtung der Mauern und Widerlager für die Gewölbe von Süden aus, weil man hier als genaue Richtlinie die freie, südliche Flucht der Kirche

Fig. 50.

Fig. 51–55.

Kapitäle der Vorhalle.

Fig. 56.

Kapitäle und Schlußsteine der Vorhalle.

hatte. Nun ist aber jedes der drei Kreuzgewölbe der Vorhalle für eine äußere Länge von 80 Fuß, das ist die Kirchenbreite, auf die sie berechnet war, um einige Zoll zu weit, und so schob sich die Vorhalle etwa um einen Fuß über die Nordflucht der Kirche hinaus; so mußte, weil der Mittelpfeiler des Portals unverrückbar in der Axe der Kirche feststand, dieses dem südlichen Strebepfeiler zu nahe kommen und vom nördlichen zu weit entfernt werden.

Die bauliche Ausführung der Vorhalle ist bewunderungswürdig genau: das Sandsteinquaderwerk, gleich wie an der Kirche, ein graubrauner feinkörniger Keuperwerkstein (Schilfsandstein), ist fein zusammengefügt, aller Zierat so sauber als prächtig ausgeführt; die Gliederungen sind von einer Durchbildung, einer vollendeten Kraft, die Verhältnisse von einer lichtvollen Weite, die Ornamente von einer Schönheit und Wohlvertheilung, daß man unter den so vielen Prachtbauten des Klosters dieses das reinste und schönste von allen nennen muß. Traulich steht es bei den alten Lindenbäumen, deren grüne Zweige fröhlich hereinschauen durch die herrlichen Fenster.

## Das Herrenrefektorium.

Als der unmittelbare Uebergang zu diesem Gebäude erscheint die leider abgerissene Klosterküche, die zwischen beiden Refektorien gelegen, gleichzeitig mit dem Laienrefektorium und schon im Hinblick auf das Herrenrefektorium errichtet wurde. Von ihr aus gieng in beide Refektorien je eine (jetzt vermauerte) Oeffnung zum Hereinbieten der Speisen. Nur die südliche Wand der Küche, zugleich die Umfassungsmauer des Kreuzganges, erhielt sich und wird von geradgestürzter, mit gewaltiger Oberschwelle bedeckter Thüre durchbrochen. Diese Formen, sowie die an den Mauern angebrachten Steinmetzzeichen, gehen ganz

Fig. 57.

Das Herrenrefektorium.

mit denen des Laienrefektoriums zusammen. An die Küche stößt nun östlich das Herrenrefektorium, das Refektorium der Mönche (vergl. in Viollet le Duc, Dictionaire raisonné de l'Architecture française, Band I., die Pläne von Clairvaux und namentlich von Citeaux, von dem wir weiter unten eine genaue Nachbildung geben); in Maulbronn selbst heißt es, vom Volk aus „Refectorium" verändert, das „Rebenthal". Es ist wohl noch einige Jahre vor dem Paradiese begonnen, während die im Uebergangsstil gehaltenen Theile des Kreuzgangs jedenfalls nach diesen beiden Gebäuden vollendet wurden (s. unten). An der Westseite des Herrenrefektoriums tritt ein außen rechteckiges Treppenthürmchen hervor und an der Ostseite ein rechteckiger Ausbau, auch mit Resten einer Wendeltreppe, die auf einen gegen den Saal hereingehenden Austritt, dessen steinerne Träger jetzt weggeschlagen sind, führte; von hier herab geschah die tägliche lectio mensae.

Betrachten wir nun zuerst Ausdehnung und Lage des höchst großartig angelegten Gebäudes; seine äußere Länge beträgt 102, die innere 94, seine äußere Breite ohne Strebe- pfeiler 48, mit Strebepfeilern 56, die innere Breite 40 Fuß (die innere Länge des Refektoriums im Kloster Bebenhausen beträgt 84 bei 42 Fuß innerer Breite).

Wie schon oben bemerkt, liegt ferner die Mittelaxe 105 Fuß östlich von der Grundlinie, von der wir für den ganzen Klostercomplex ausgehen müssen, nämlich von der Westfront der Kirche, entfernt. Mit der Südfront liegt es von der südlichen Grundlinie des Kloster- complexes, d. h. von der Südfront des südlichen Seitenschiffes der Kirche 213, mit seiner Nordfront 315 Fuß oder 10½ Mittelschiffbreiten entfernt und ragt somit über die Nord-

Fig. 58. 61.

Säulenbasen im Herrenrefektorium.

front des Laienrefektoriums um 15 Fuß oder nur eine halbe Mittelschiff- breite hinaus. Seine Entfernung von diesem, wie von dem weiter östlich gelegenen großen Keller ist so ziemlich dieselbe, 34—35 Fuß. Die äußere Länge mit 102 Fuß er- klärt sich durch die vom Querschiff und Vorrathskeller schon bedingte Weite des quadratischen Kreuzganges, die nicht mehr 135 oder 4½ Mit- telschiffbreiten, sondern nur 133 Fuß erreichen konnte, und so wurde durch die Länge von 102 Fuß mit der Nordfront des Sommerrefectoriums in das alte, auf Mittelschiffbreiten gegründete System wieder eingelenkt.

Das Herrenrefektorium, ob- gleich nur wenige Jahre nach Vol- lendung des Laienrefektoriums be- gonnen, zeigt, mit diesem verglichen, schon eine vollkommene Mischung des alten und neuen Stiles, und zwar so, daß der neue bereits das Ueber- gewicht behauptet. Dort im Laienrefektorium fieng noch die starke Mauer allein den Schub der Gewölberippen auf, hier im Rebeuthal stemmen sich an die auch noch vier Fuß starken Umfassungsmauern mäßige Strebepfeiler gegen den Schub der Haupttrippen. Die Ver- hältnisse sind bereits hochgestreckt, diesem entsprechend die Fenster hochschlank, aber noch rundbogig, und die beiden Steingiebel (s. Fig. 57) noch im rechten Winkel — romanisch. Bei den Säulen kam schon im Laienrefektorium der neue Stil zum Durchbruch, hier geschieht dies nun auch bei den Gewölben, wenn auch nicht ohne die Baumeister des Saales bei der Deckenbildung in schwere Verlegenheiten zu verwickeln. In dem 40 Fuß breiten und 94 Fuß langen Saale stellte man nämlich drei starke Säulen die Mitte entlang als Träger für die Kreuz- und Querrippen des Gewölbes, aber diese Anordnung, die sich über dem ganzen Raum in acht rechteckigen Gewölbefeldern vertheilt hätte, erschien wohl zu kühn; die Spannungen der im Halbkreis geführten Kreuzrippen wären zu weit ohne

Fig. 62.

Inneres des Herrenrefektoriums.

Unterstützung gesprengt geworden; man stellte daher zwischen die drei starken Säulen je
eine schwächere und sprengte von diesen aus je einen Hilfsgurt (Centralgurt) durch die
Mitte jedes Kreuzgewölbes gegen die Wände hin. Es sind dies die um jene Zeit so
sehr beliebten sechstheiligen Gewölbe, die so recht den Uebergang in's Gothische bezeichnen.
— Zugleich aber mußte man die sieben Säulen, der Länge des Saales nach, unter sich
verbinden. Hier herübergeschlagene Rund= oder Spitzbögen erreichten aber eine so geringe

Scheitelhöhe, daß man über ihnen wohl eine starke und gesicherte Widerlagerwand erhielt, aber auch eine Wand, welche den Raum verbaut und den Eindruck eines frei überdeckten Saales zerstört hätte. Man nahm deßhalb Rundbögen, unterstellte ihnen aber hohe Stelzen in der Form von Halbsäulen, so daß die Kämpfer derselben 8 Fuß über den Kapitälen der Säulen zu liegen kamen (s. Fig. 62 und 64). Von den drei Hauptsäulen sprengen sich dann hohe spitzbogige Quergurten gegen die Bündelsäulchen an den Umfassungswänden und zwar so hoch, daß sie mit den im vollen Halbkreis geführten Kreuzgurten dieselbe Scheitelhöhe gewannen.

Ebenfalls im Spitzbogen wurde der hilfreiche Centralgurt, durch den die Gewölbe sechstheilig werden, geführt, von den Säulenkapitälen aus in überhöhtem Bogen, an den Umfassungswänden nur bis zur Tangente des Bogens und hier auf eine Konsole gestellt, so daß seine Kämpferlinie bedeutend höher liegt als die Deckplatte der Säulenkapitäle (vgl. auch die scharfsinnige Abhandlung von H. Leibnitz, die Organisation der Gewölbe im christlichen Kirchenbau). Nimmt man noch die spitzbogigen Schildbögen über den Fenstern, so erhält man vier verschiedene Kämpfer- und drei verschiedene Scheitelhöhen, und mit Recht bemerkt Leibnitz, daß dieser Saal, der gewiß unter die schönsten Räumlichkeiten der romanischen Bauweise gehöre, dennoch durch die mühsame Zusammensetzung seiner Gewölbe in der Gesammtentwicklung Noth gelitten habe. Zwar werden mit großer Einsicht alle Mißstände vermieden, alle Vortheile herbeigezogen, die dem Deckenwerke zu Statten kommen konnten. Allein ehe man sich noch Rechenschaft von den Gründen geben kann, fühlt man schon beim Eintritt in die Halle einen gewissen Mangel an Einheit und Ruhe. Wir werden weiter unten an einem Maulbronner Gebäude, im Kapitelsaale, sehen, über welche vollkommene Lösungen in einem ähnlichen Fall die Frühgothik verfügte. Mit dem Bilde der Ueberwölbung ist schon das des ganzen Herrenrefektoriums gegeben. Die Gewölberippen, in der Mitte von den Kapitälen der freien Säulen, an den Wänden von gebündelten Säulchen oder auch von Konsolen ausgehend, umfangen hohe glatt eingeschrägte Rundbogenfenster von sehr edlem Verhältniß; die höchste Höhe der Halle beträgt das Doppelte der lichten Weite der Gewölbe, und die Höhe der Säulen erreicht die Lichthöhe der Fenster.

Auch die Profilirung der verschiedenen Gewölberippen ist unter sich abgestuft und vielfach zusammengesetzt; am einfachsten sind die hochgestelzten halbrunden Bögen, die sich von Säule zu Säule schlagen, gegliedert; es sind entsprechend den Gewölberippen des Paradieses reine Halbsäulen, in welche aber zu Seiten halbrunde Kehlen eingerissen sind. Dieselbe Form haben die großen Querrippen.

Figur 65 gibt den Durchschnitt über dem Kapitäl einer schwächeren Säule und hiebei die schon reichere Form der Unterstützungsrippen (die Kreuzrippen sind ebenso); zwischen den drei im Dreieck vortretenden Rundstäben laufen prächtige Diamantenreihen. Die Schlußsteine bestehen aus kraftvollen Blätterkränzen, ganz ähnlich denen in der Vorhalle. Die Kapitäle der vielen Wandsäulchen haben nicht den Gedankenreichthum der an der Vorhalle und im Kreuzgang, sondern immer denselben, an maurischen Schnitt erinnernden Blattschmuck (s. Fig. 66). Dieser erstreckt sich auch auf einige der sehr schön gearbeiteten Kapitäle der Freisäulen, die ganz ähnlich denen im Laienrefektorium; sonst erscheinen an ihnen sehr edle umgeschlagene oder sich aufrollende Blätter (s. Fig. 67—68.) Die scharf gegliederten Deckplatten, sowie die Sockel der schwächeren Säulen haben schon die Achtecksform. Die Füßchen (an den großen Säulen einst mit Eckblättern) und Wirtel

Schnitt durch Querwertschlovium, Umgang und Brunnenkapelle.

Längenschnitt durch den Ostflügel des Umganges mit Blick gegen den Kapitelsaal.

Zu Seite 19  Fig. 31

sind wenig ausdrucksvoll (s. Fig. 58—61). An den Wänden und am Eingang zu dem östlichen Ausbau zeigen sich wieder jene Halbmondkonsolen. Unsere besondere Aufmerksamkeit nimmt sodann die Konsole in Anspruch, die sich gerade über dem Eingang befindet, an ihrer Deckplatte stehen nämlich folgende Buchstaben, vielleicht die Anfangsbuchstaben eines Spruches, oder der Namen Derjenigen, die am Bau thätig waren (s. Fig. 63). Ferner ist die untere Platte der Konsole ganz bedeckt mit einem flach eingemeißelten Muster solcher maurischen Blätter. Gegen den Kreuzgang wird das Portal von zwei schön kapitälirten Säulen gesäumt und in seinem halbrunden Bogenfeld wieder mit einer großen Blätterrosette geschmückt. Nach außen tritt das Herrenrefektorium als ernste, ruhige, in wohlthuenden Verhältnissen erbaute Masse vor, durchbrochen von den hohen Rundbogenfenstern und von dem schönen Halbmondkonsolengesimse bekrönt. Auf den rechteckigen Giebeln sitzen Steinkreuze, und die Längenmauern werden gestützt von kräftigen, schlicht gehaltenen Strebepfeilern, die an der Nordseite, die Flucht der Nordwand verbreiternd, hinaus treten (s. auch Fig. 57).

Mindestens gleichzeitig mit dem Refektorium geschah, wie dies schon die Ordensregel vorschrieb, die Anlage des großen runden Brunnens, der noch jetzt an seinem ursprünglichen Platz in der neunseitigen gothischen Brunnenkapelle steht, die genau in der Axe des Refektoriums vom nördlichen Flügel des Kreuzganges in den Kreuzgarten hinaus-

Fig. 63.

✝ Ⴝ Ⴑ Ⴈ Ⴈ Ⴑ Ⴆ Ⴈ H ᔑ J W Ⴈ

Inschrift im Herrenrefektorium.

tritt. Aber auch die Mauern der Kapelle stammen bis zu drei Fuß Höhe aus der Zeit des Herrenrefektoriums; sie sind im Kreis geführt (auch der Eingang in die Kapelle ist rundbogig), und mit großer Kunst ist später das Neuneck daraufgesetzt. Außerdem finden sich an dieser Grundmauer Steinmetzzeichen, die ganz entschieden der Uebergangszeit angehören und von den übrigen (gothischen) der im besten gothischen Stil aufgeführten Kapelle abweichen. Der Brunnen mit drei Schalen übereinander stammt in seinen Theilen aus verschiedener Zeit; sehr alt sind die beiden unteren Sandsteinschalen, jünger sodann, frühgothisch ist die kuppelthurmartige bleierne Bekrönung (s. Fig. 88); die dritte Schale ist von Bronze und spätgothisch. Der Durchmesser der untern kolossalen, aus einem Sandstein gearbeiteten Brunnenschale beträgt $10\frac{1}{2}$ Fuß, die Hälfte des Durchmessers der Kapelle, und diese hat somit 1 Fuß mehr als die halbe Breite des Refektoriums zur Weite. Die oberen Theile des Brunnens sah man früher vor dem ehemaligen Herrenhause, nur die kolossale unterste Schale stand einsam und versiegt in der Brunnenkapelle, die sich so zierlich wölbt und in ihrer zarten Schönheit und heiteren Helligkeit einen wundersamen Gegensatz bildet zu dem in herber Schwere sich aufbauenden, dämmerig beleuchteten Nebenthal. — Jetzt ist Alles wieder hergestellt (s. u.).

## Der Kreuzgang.

Zwischen Kirche und Herrenrefektorium gelegen, der eigentliche Circulationsraum der ganzen Klosteranlage, von dem aus nach allen vier Seiten hin sich Eingänge in die verschiedenen Räume öffnen (s. Grundriß); er würde, wenn nicht in seinem östlichen Flügel

Abweichungen vom rechten Winkel stattgefunden hätten, genau ein Quadrat, von je 133 Fuß Seitenlänge, bilden; nun ist aber sein am Herrenrefektorium hinlaufender Flügel (Nordflügel) 3 Fuß länger. Dies rührt daher, weil der nördliche Querschiffarm in einem

Fig. 65.

stumpfen Winkel an das nördliche Seitenschiff an= stößt, man verlängerte beim (späteren) Bau des Kreuzgangs diese Flucht des Querschiffes und kam auf diese Weise schließlich um 3 Fuß zu weit östlich. Hieraus erklären sich auch die verschiedenartigen Unregelmäßigkeiten der Gewölbebildung in der Nordostecke des Kreuzgangs. — Ein Blick auf den Grundriß zeigt sofort die Verbreitung des Ueber= gangsstils über die einzelnen Arme des Kreuzgangs. Der Südflügel wird ganz von ihm eingenommen, deßgleichen je das nächste daran stoßende Joch des West= und Ostflügels, ferner die Rückwand des Nordflügels, zugleich die Umfassungsmauer des Herrenrefektoriums 2c. Auch sieht man sogleich, daß die Anlage des Südflügels im genauesten Zu= sammenhang steht mit der jener Wandpfeiler an der Rückwand des Nordflügels: es sind ganz die= selben Axenweiten, während die Bildung jener Wandpfeiler (f. u.) wohl auch den Uebergangsstil verräth, aber sehr abweicht von denen des Süd= flügels. Für ihn war ursprünglich entweder ein anderes Dach, ein Satteldach, oder was viel wahr= scheinlicher ist, keine so bedeutende Höhe beabsichtigt. Die Wand des nördlichen Seitenschiffes ist nämlich ganz glatt (ohne Vorsprünge, Dienste 2c.), aber 7 Fuß unter ihrer (jetzt auch verdeckten) Traufe zieht sich ein steinernes Schutzgesimse hin, über dem sich verschieden gestaltete, meist rundbogige und 3½ Fuß im Licht hohe Fensteröffnungen aufthun; sie werden aber vollständig bedeckt und verdunkelt durch das jetzige mit dem Dach des Seitenschiffes in einer Fläche liegende Pultdach (f. Taf. IV).

Der Südflügel (der Standpunkt ist immer im Kreuzgarten genommen) entfaltet alle Herrlich=

Fig. 66.

Wandsäulchen im Herrenrefektorium.

keit der Baukunst damaliger Zeit. Seine Dimen= sionen sind mäßig, äußere Höhe 20,5 Fuß bei 95—96 Fuß Länge; innen bei 133 Fuß Länge 15½ Fuß Breite und gegen 22 Fuß Höhe, bis zu den Schlußsteinen 20,5 Fuß. Er theilt sich in acht etwas längere als breitere Joche. Im Innern tragen an der Umfassungswand je fünf, an den Ecken je sieben, schlante und scharfgewirtelte Säulen die voll und lebhaft profilirten sechstheiligen Rippenkreuzgewölbe; an der Kirchenwand gehen die Säulen nicht bis auf den Boden, sondern ihre sehr kurzen Schäfte sind unten mit einem Ring umgeben und einfach zuge=

stützt (wie in Fig. 66), theils auch mit Füßchen versehen, die wieder von jenen oben besprochenen Halbrundkonsolen getragen werden (Fig. 70—72); und alles dieß ist an die glatte Mauer des nördlichen Seitenschiffes angesetzt. An den sechstheiligen Gewölben sind die Kreuzrippen im Halbkreis, die Quer- und die Hilfsrippen im Spitzbogen geführt, die Kreuz- und die Hilfsrippen mit dreieckiger, die Querrippen mit rechteckiger breiter, auch von Rundstäben gesäumter Leibung.

Fig. 67—68.

Fig. 69—72.

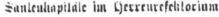

Säulenkapitäle im Herrenrefektorium.          Wandsäulchen und Konsolen im Südflügel des Kreuzganges.

Im Vergleich mit denen der Vorhalle wurden sie bedeutend reicher, im Vergleich mit denen des Herrenrefektoriums bedeutend zarter und nobler gebildet; auch die Schluß= steine zeigen z. Th. eine beträchtliche Verfeinerung, ein Fortschreiten zu der eigentlichen gothischen Verzierungsweise, (s. Fig. 69—87). Alles ein Beweis, daß dieser südliche Kreuzgangsflügel das jüngste Glied jener drei Uebergangsbauten ist.

Die Säulenfüßchen (in der Südwestecke noch mit dem Eckblatt) haben ganz den schönen, elastischen Umriß, die Kapitäle ganz die erstaunliche Abwechselung und den genialen Gedankenreichthum derer an der Vorhalle. Man betrachte noch besonders die außerordent= liche Durchbildung jener Knospen, in welche die einzelnen Blätter sich aufrollen.

Unvergeßlich ist der Eindruck, wenn man aus dem nördlichen Seitenschiff der Kirche

heraustritt und in diesen Kreuzgangsflügel hinabblickt. Die Menge, es sind über andert=
halbhundert, der edlen, schlanken, mit den herrlichsten Blumenknäufen versehenen Säulen,
über denen so rein und stolz die starken sechstheiligen Rippengewölbe aufsteigen und in
prächtigen Blätterkränzen sich zusammenschließen; dazu das mild und reich aus den hohen
Fensterbögen einströmende Licht. Auch das Aeußere dieses Kreuzgangsflügels ist von
hoher und eigenartiger Schönheit. Die Wand zwischen den ganz wie am Paradies ge=

Fig. 75 - 80.

Kapitäle und Schlußsteine im Südflügel des Kreuzganges.

haltenen, etwas derben Strebepfeilern ist vollständig aufgelöst in je zwei, von gewirtelten
Säulchen umrahmte Bogenfenster, die Bögen sind kaum zugespitzt; oben läuft wieder das
Kranzgesims mit den Halbmondkonsolen (s. Fig. 90 u. Taf. IV); die lichte Höhe der
Fenster beträgt ²/₃ der Gesammthöhe der 20 Fuß hohen, in schönen Verhältnissen auf=
geführten Faßade, die Tiefe der Strebepfeiler das Doppelte ihrer Breite.

Wie schon gesagt, setzen sich die lebhaften und flüssigen Uebergangsformen des Süd=
flügels am Ost= und Westflügel je mit einem Gewölbejoch fort, nur haben die Oeffnungen
an der Westseite Kleeblattfüllungen und Säulen anstatt der Fenstergewände. Noch ein
Strebepfeiler und der Anfang eines neuen Bogens, sowie ein urthümlicher Wasserspeier,
der einzige am ganzen Kreuzgang, dann wird die Wand des Westflügels um etwas schmäler
und eine ganz andere, 40—50 Jahre jüngere Formenbehandlung tritt ein; und ähnlich

ist es im Ostflügel. Im Nordflügel dagegen mahnen die Wandpfeiler mit ihren Säulchen in den Ecken (s. Fig. 94—95) noch ganz an die Uebergangszeit, aber die Formen sind viel eintöniger und schwerer; — die Gewölbe und die am Kreuzgarten hinziehende Um-fassungsmauer stammen dagegen aus gothischer Zeit.

Die Steinmetzzeichen an den oben beschriebenen Gebänden sind folgende:

An der Vorhalle (Paradies):  ⊥ ⅄ + ⋔ Ⅾ꜀ ꝑꞣ ꞔ Ẕ Ⲕ

Am Herrenrefektorium:

† ꝗ ⌁ Ο ⅌꜒ ◇ ∘ꝓ ⅄⊥ ⑥ ⋃ ⋀ ꝑ⧣ ⤸⤺ Ⅾ⊦ ⸸ ꞔⲔ⌓ + ⩘ ⋁

An der Brunnenkapelle unten:  ↑ ⅂ ↑ ⟋ ⟙

Am Südflügel des Kreuzgangs:

⋀ ꝓ + Ⱳ + ꝑⅼ ⋂ ꞕꝗ ⵚ ꟼⅨ ⤻ Ⴆ Ẕ ⟰ ꞔ ℔ꞕ

fig. 81—83.  ⅕  ⅕

fig. 84—86.  ⅟₃₀  ⅕

Kreuzgang, Südwestecke.        Säulchen im Südflügel des Kreuzgangs.

## Der große Keller.

Dreimal treten, wie ein Blick auf den Grundriß zeigt, aus dem Klostercomplex gegen Norden mächtige, langgestreckte Gebäude hinaus: von Westen an gerechnet, zuerst das Laienrefektorium, dann das Herrenrefektorium und endlich der große Keller der Mönche, jenes um 15, dieser um 40 Fuß weiter gegen Norden, als das Laienrefektorium, so daß die nörd-liche Flucht dieses großen Kellers 180 Fuß nördlich von der Axe des Klosterdurchganges, 200 Fuß nördlich von der Axe des Kapitelsaales und 300 Fuß nördlich von der Axe der Kirche abliegt; — mit ihm erreicht der Klostercomplex seine größte Breite, nämlich von der Nordflucht des Kellers bis an die Südflucht des südlichen Querschiffes die Breite von 365 Fuß.

fig. 87.

Blattaufrollung.

Die äußere Länge des Gebäudes beträgt 90, die äußere Breite 60 Fuß; sein erstes Geschoß, mit der Nordwand jetzt tief im Schutte stehend, bildet die weit gewölbten Keller-

Fig. 88.

Aufsatz des Klosterbrunnens.

Fig. 89.

Säulchen und Gurten im Westflügel des Kreuzgangs.

räume, im zweiten Geschoß befand sich ein Theil der Wohnungen der Mönche, die sich bis an das Querschiff fortsetzten. — Von diesem zweiten Stockwerk wird im Abschnitt über die Bauten gothischen Stils weiter die Rede sein; das erste Geschoß gehört aber

Fig. 90.

Südlicher Kreuzgangsflügel. 1/100.

Fig 92—93.

Fig 94—95.

1/20

Details von der Kapelle des Kapitelsaales

Wandsäulchen im nördlichen Kreuzgangsflügel.

ganz entschieden dem Uebergangsstil, und zwar dem allerfrühesten an und ist etwa gleich=
zeitig mit dem Ausbau des Laienrefektoriums. Auch in ihm dominirt eine mächtige, ge=
wölbte, in der Mitte von 4 Säulen durchstellte Halle, die sich leider nur gegen Südosten
vollständig erhalten hat, und die bei der großen Breite des Gebäudes nicht dessen ganze
Breite, sondern nur die von 34 Fuß einnimmt (s. den Grundriß). Kurze gedrungene
Freisäulen tragen die gurtenlosen Kreuzgewölbe, die durch gewaltige, aus schönen Quader=
steinen zusammengefügte Halbrundbögen von einander getrennt werden; nur der Scheide=
bogen des südlichsten schmäleren Theiles ist spitzbogig; an den Wänden ruhen diese Bögen
sammt den dazwischen gespannten Gewölben auf breiten Lisenen und derben, höchst ein=
fachen Tragsteinen. Von den beiden noch erhaltenen Säulen, die übrigen sind vollständig

Fig. 16.

Südostecke des Kreuzgangs.

ummantelt, ist die gegen Südosten stehende am sorgfältigsten ausgeführt; sie trägt ein
niedriges Kelchkapitäl, umhüllt mit schlicht aneinander gereihten Palmblättern, in den
Zwickeln je eine Beere, was zusammen mit der kräftig gegliederten Deckplatte gar leben=
dig wirkt. Der andere Säulenstamm trägt statt des Kelches eine steile, je in der Mitte
senkrecht gegürtete Wulstung. Die nach oben verjüngten Schäfte der im Ganzen über
6¹/₂ Fuß hohen Säulen ruhen auf wohlgebildeten attischen Basen mit achteckiger Unterplatte.
Die Außenmauer der zwischen dem Herrenrefektorium und dem großen Keller lie=
genden Räume zeigt ebenfalls den Uebergangsstil, dann die vom Keller aus in der öst=
lichen Flucht des Querschiffes gegen Süden bis an's Parlatorium hin ziehende Umfas=
sungsmauer; zwei ihrer schlanken Rundbogenfenster sind noch wohl erhalten, die beiden
andern in geradgestürzte gothische Fenster erweitert. Die hier zahlreich angebrachten
Steinmetzzeichen sind folgende:

I △ V Z + ⌐ ⌐ 2 𝔸 ⊘ ⌐ 𝔓 H ? I ⌐

Noch mehr gegen Süden tritt noch einmal der Uebergangsstil hervor an dem niedrigen gruftartigen Erdgeschoß der östlich aus dem Kapitelsaal heraustretenden Kapelle;
die zwei breiten, in flachem Bogen geführten Gurten, so die gerade steinerne Decke dieses
Erdgeschosses tragen, sind mit Rundstäben und Diamanten gesäumt (s. Fig. 93), die
kleinen, je aus einem Stein geschafften Fensterchen rundbogig. Die Kapelle ist im Aufbau, gleich wie der ganze Kapitelsaal, entschieden gothisch und leitet hinüber in die
Reihe der Bauten dieses Stils.

## Die Bauten des gothischen Stils.

### Kapitelsaal, Kreuzgang, Brunnenkapelle u. s. w.

Glänzend eröffnet ihre Reihe der Kapitelsaal, der, vom nördlichen Querschiffarm
durch ein schmales Gemach getrennt, östlich vom östlichen Kreuzgangsflügel sich ausdehnt,
in einer Länge von 14,3 m und einer Breite von 8,4 m. Ursprünglich (s. den Grundriß) muß seine Länge bedeutender gewesen sein, betrug das Doppelte seiner Breite, 58 auf
29 Fuß; ¼ des südlichsten Sterngewölbes ist jetzt durch eine starke Mauer abgeschnitten, und
zwar stammt diese schon aus gothischer Zeit, wie z. B. die hier angemalten fast vergangenen
lateinischen Verse beweisen. Zwischen dem Kapitelsaal und der Kirche entstand ein etwa
10 Fuß breiter, mit einem Tonnengewölbe übersprengter Raum, von dem aus ein sehr
schönes frühgothisches Fenster nach Osten und ein sehr schön umzacktes frühgothisches
Pförtchen in den Kreuzgang führt, und der als Sakristei zu betrachten ist. (Vgl. hiezu
Viollet le Duc, Dictionaire raisonné de l'Architecture française, Bd. 1., Plan
des Klosters Clairvaux, und die trefflichen Mittheilungen aus der Geschichte des Klosters
Bebenhausen von Forstrath Dr. F. A. v. Tscherning in Bebenhausen im Württemb. Staats-
anzeiger, 1877, besondere Beilage Nr. 12, Nachträge im Jahrgang 1881, Nr. 16 und 17).
Von der Sakristei aus gelangte man nicht sofort, sondern über den Kreuzgang in den
anstoßenden nördlichen Querschiffarm der Kirche, in den vom Kreuzgang her ein weiter
niederer rundbogiger Durchgang unter der großen von der Kirche in das Dormitorium
führenden steinernen Treppe hindurch geht (s. den Grundriß). Zugleich wird der Raum
auch als Aufbewahrungsort für die Bücher, welche die Mönche im Kreuzgange lasen,
gedient haben. Ursprünglich bestand zwischen Kirche und Kapitelsaal ein schmaler Durchgang.

Drei schöne schlanke Rundsäulen stehen den Kapitelsaal entlang und breiten von sich
aus prächtige Sterngewölbe, die in Schlußsteinen mit reichen Blattkränzen zusammenstrahlen,
an den Wänden auf ähnlich reiche Konsolen sich herab senken, während um die Freisäulen
selbst statt des Kapitäls ein Kranz von glatten Konsölchen sich reiht. Nach dem Kreuzgang öffnen sich ein Doppelportal und drei Fensterarkaden, gegen Osten zwei Spitzbogenfenster und an der Südostecke baut sich die so zierliche, vieleckige, von 5 Spitzbogenfenstern
erleuchtete Johanniskapelle hinaus. Das Maßwerk der Ostfenster besteht aus Drei- und
Vierblättern ohne umfassende Kreise, das der herrlichen nach dem Kreuzgang gerichteten
Arkadenfenster setzt sich aus solchen Umfassungskreisen zusammen und ruht, mit Vermeidung

Fig. 97.

Kapitelsaal.

alles Pfostenwerks, auf zierlichen Rundsäulen. Die Gliederungen sind, abweichend von denen des Uebergangsstils, einfach und fast herb; reichstes und edelstes Leben aber entfaltet sich an Kapitälen, Konsolen und Schlußsteinen, mit ihren, dem natürlichen Laubwerk der Eiche, Rebe, Rose, des Ahorn= und Platanenbaums, des Epheu's, des Klee's, der Erdbeere, der Zaunrübe u. s. f. abgesehenen Formen. An den Schlußsteinen blicken aus den Laubwerksträußen die vier Evangelistensymbole, ein Wächter, der in das Horn stößt, u. s. w. Um einige der Kapitäle sitzen Vögel. Fig. 98—109 sucht eine Ahnung zu geben von der unerschöpflichen Fülle und Schönheit dieser Zierkunst, die sich im Ostflügel des Kreuzgangs fortsetzt an Schlußsteinen und Säulenkapitälen; das Blattwerk ist

oft wie ein Geflecht über die Kelchformen hergekreuzt, oder es umkränzt sie in tiefunter=
schafftem schattigem Gelock. Die Rippen der Kreuzgewölbe dieses Ostflügels ruhen auf
starken Rundsäulen; die Kapitäle der an der Rückwand stehenden sind alle von Laubwerk
umflochten, die derjenigen an der Fensterwand haben Konsölchen, ähnlich denen im Kapitel=

Fig. 88—103.

Consolen aus dem Capitelsaal.

Capital und Consolen aus dem Capitelsaal.

saal. Die Vollendung dieses Flügels scheint tief hinein ins 14. Jahrhundert zu reichen,
s. Fig. 110—118. Nahe der Nordostecke erhebt sich eine von 8 Diensten umstellte, die Ge=
wölberippen tragende Säule (Fig. 119) ganz frei und gerade vor einem der ziemlich einfach
behandelten dreitheiligen Fenster (s. Grundr.). Auf einem der Schlußsteine ist der alter=
thümlich strenge thronende Christus mit dem Evangelienbuch und segnend erhobener Rechten
ausgemeißelt. — Sämmtliche Fenster des Kreuzganges haben, mit Ausnahme des West=
flügels, Fälze für Glasscheiben.

Dieselbe Zeit und dieselbe treffliche Durchführung verräth auch die vom Kreuzgang ins Parlatorium führende Durchgangshalle, überdeckt von zwei schönen Rippenkreuz= gewölben, die auf prächtig kapitälirten, an die Wand gestellten Säulen ruhen. Am Eingangsportal im Spitzbogenfeld interessantes frühgothisches Maßwerk, am Ausgangsportal, gegen das Parlatorium hin, hocherhoben und streng, das Lamm Gottes (Fig. 120). Gleichen Stil zeigt auch die von der Nordostecke des Kreuzgangs (in zwei Armen) einst nach dem

Fig. 104—107.

Schlußsteine aus dem Kapitelsaal.

Dormitorium hinaufführende, unten reichgeländerte Steintreppe, schön überspannt mit Rippenkreuzgewölben auf Säulen und Konsolen. Fig. 121 zeigt ein Detail des gegen Norden ziehenden Astes, der durch eine Thüre mit einem Christus im Bogenfelde (Fig. 122) führt. Drei Rosetten durchbrechen hier in glänzender Pracht die Flächen der Mauer, wie überhaupt diese Ecke höchst malerisch wirkt (s. auch Fig. 123).

Der westliche Kreuzgangsflügel hält ebenso den frühgothischen Stil fest, aber seine Formen sind anders, als die des Kapitelsaales, alterthümlich schwerer im Großen und doch wieder flüssiger, fortgeschrittener in Gliederung und Zierat. Er wird bedeckt von einfachen Rippenkreuzgewölben mit reichen birnförmigen Rippen und mit Blätterkränzen

Fig. 108. 109.

Schlußsteine aus dem Capitelsaal.

Fig. 110—112.

Schlußsteine aus dem Ostflügel des Kreuzgangs.

Fig. 113—118.

Fig. 119.

Säulentheile und Rippenprofile aus dem Ostflügel des Kreuzgangs.

auf den Schlußsteinen (Fig. 124 und 125). Die Doppelfenster des im Uebergangsstil erbauten Südflügels wurden beibehalten, aber nun die beiden Fenster von einem großen

Fig. 120.

Bogenfeld der in das Parlatorium führenden Pforte.

Fig. 121.

¹/₂₀.

Details von der Treppe.

Fig. 122.

¹/₂₀.

Bogenfeld an der Treppe.

etwas gedrückten Spitzbogen umfaßt und durch eine starke Mittelsäule verbunden, um die sich vier Dreiviertelsäulchen stellen (Fig. 126—129).

Die beiden Spitzbögen enthalten dünnes durchsichtiges Maßwerk, wogegen die Wand

Fig. 123.

Oestlicher Kreuzgang, Blick nach der Treppe.

Fig. 124—125.

Fig. 126—129.

Schlußsteine im Westflügel des Kreuzgangs.

Details von den Fenstern im Westflügel des Kreuzgangs.

zwischen ihnen und dem Umfassungsbogen voll bleibt und nur in der Mitte von großer Fünfblattrosette durchbrochen wird (Fig. 130 und 131); das Ganze von prächtiger Wirkung. Die Rippen der Gewölbe ruhen an der Fensterwand auf Dreiviertelssäulen, die je mit fünf Säulchen umstellt sind (Fig. 132), an der Rückwand aber auf reich skulpirten breiten Konsolen von der Form einer Viertelskugel. Die erste, von Süden gerechnet, zeigt ein herrliches Netz einer Schotenpflanze, woran Vögel picken (Fig. 133), an dem nächsten hebt sich aus schönem Wasserlaub das ausdrucksvolle Brustbild eines Priors (Fig. 134) und oben umher steht in gothischen Majuskeln:

HIE SOL MIT REHTER ANDAHT
DES PRIOLES WALTHER WERDEN GEDAHT
WAN ER HAT DISEN BU VOLLEBRAHT.
VALETE IN DOMINO.

Fig. 130—131.

Fenster im Westflügel des Kreuzgangs.

Die dritte Konsole stellt einen Löwen im Kampf mit einem Ungethüm vor (Fig. 135) und die vierte das auch aus Wasserlaub sich hebende Brustbild eines Laienbruders; über ihm sieht man drei Rosen ausgemeißelt (Fig. 137) und liest:

E
ROSEN SCHOPHELIN.

Die fünfte Konsole (Fig. 136) hat schönes Laubwerk mit großem Widderkopf.

Um die glockenförmigen Kapitäle der Säulen sind die der Natur entnommenen Blätter, Blumen, Früchte, Vögel u. s. w. nur lose hingeklebt, so daß die Kernform des Knaufes hindurchscheint. Man erblickt Eichen- und Buchenlaub, Röschen, Disteln, Klee-blätter, Weinlaub, Immergrünblüthe, Sumpfpflanzen (Fig. 138—148), dann ein nacktes Mönchlein, Trauben essend und auf einer Traube reitend. Ueber dem Kapitäl des dritten Fensters steht in der Umrahmung] eingehauen GOTSCHLAG, daneben war ein (jetzt abgeschlagenes) Männlein. Die Gliederungen sind an diesem Theile des Kreuzganges von hoher Vollendung, von edelster Kraft; kahler schon an manchem Kapitäl die Blätter-umhüllungen.

Fig. 132.

Fig. 133.

Konsole im Westflügel des Kreuzgangs.

Fig. 134.

Halbsäule im Westflügel des Kreuzgangs.
(Grund- und Aufriß.)

Konsole im Westflügel des Kreuzgangs.
(Prior Walther.)

Fig. 135.

Fig. 136.

Konsole im Westflügel des Kreuzgangs.

Konsole im Westflügel des Kreuzgangs.

8

Ein Prior Walther kommt in einer Urkunde im Württembergischen Staatsarchiv vom 21. Februar 1303 vor und es ist anzunehmen, daß dieser mit Hilfe der Laienbrüder Rosen-Schöphelin und Gotschlag den Westflügel gebaut hat.

Der nördliche, an dem gegen Süden die schöne neunseitige Brunnenkapelle heraus- tritt, ist, wie schon oben bemerkt wurde, an der Rückwand gleichzeitig mit dem im Ueber- gangsstil gehaltenen Südflügel, dagegen trägt die Fensterwand ganz das Gepräge des

Fig. 137.

Console im Westflügel des Kreuzgangs.
(Rosen-Schöphelin.)

Fig. 138—139.

Säulenkapitäle im Westflügel des Kreuzgangs.

14. Jahrhunderts; meist einfach kapitälirte Rundsäulen tragen an ihr die Birnstabrippen der Kreuzgewölbe, an deren Schlußsteinen Masken und Thiere aus Blattkränzen ragen (Fig. 150—154). Die weiten viertheiligen, z. Th. erneuerten Fenster haben an ihren mit Rundstäben besetzten Pfosten die Kapitäle abgeworfen und verzweigen sich in prächtigen Maßwerken. Zu ganz außerordentlicher Zierlichkeit und Anmuth aber steigert sich die Gothik an der im Aufbau neunseitigen Brunnenkapelle, die von neunrippiger Stern- gewölbekuppel übersprengt wird (s. oben Fig. 64); auf dem großen Schlußstein ein Adler. Die sehr spitzen Fenster haben zartgegliedertes Maßwerk, der weite halbrunde vom Kreuz- gang her führende Eingang nimmt zwei Seiten des Neunecks ein und ist mit feinen Zacken gezahnt und der ganze Bau bildet eine gar luftige, das vollste Tageslicht einströmen lassende Rundhalle. Die Gewölbe sind schon halb im Renaissancegeschmack bemalt mit

lebhaftem und fröhlichem Geranke mit Putten, und außen um den Schlußstein umher steht: Anno domini MDXI foderunt in torrente, repererunt aquam vivam. Gen. XXVI. Aber ältere gothische Malerei, goldene Sterne auf blauem Grunde, schimmert hindurch; — und seit Sommer 1878 ist der dreischalige Brunnen wieder hergestellt, mit Quell= wasser versehen und erfüllt mit seinem lieblichen Geräusche die tiefe Stille des Kreuzgangs.

Fig. 110—111.

Säulenkapitale im Westflügel des Kreuzgangs.

Fig. 112—114.

Saulenkapitale im Westflügel des Kreuzgangs.

Fig. 115.

Fig. 116.

Kapitäl eines Säulchens im Westflügel des Kreuzgangs.

Laubwerk aus dem Westflügel des Kreuzgangs.

Wohl schon aus romanischer Zeit erhielten sich die zwei unteren höchst einfachen Schalen, eine 10½, die andere 7 w. Fuß im Durchmesser haltend (s. oben Fig. 35) und zwar sind beide aus dem sehr harten, keine Moose noch Flechten ansetzenden, das Wasser krystallhell erhaltenden Schwarzwaldsandstein (Buntsandstein), der sonst nirgends im Kloster zur Verwendung kam, gearbeitet.

Doch wurde bei der Restauration die zweite Schale bei Seite gestellt und durch eine feinere ersetzt, um einen besseren Uebergang zu der zierlich und flach gehaltenen obersten

Schale zu erreichen. Diese stammt aus spätgothischer Zeit und ist in schönem Bronzeguß ausgeführt mit folgender Umschrift in gothischen Minuskeln:

Lieber Herr und ewiger Gott, wir loben Dich
und danken Dir umb alles des Gutes, das Du uns armen Meinsen dustly
und noch dun solt. Amen.

Zwischen den einzelnen Worten sind abwechselnd angebracht ein Abtsstab und der pfälzische Wappenschild (s. auch oben S. 46, Fig. 88). Ueber der Bronzeschale erhebt sich ein bleierner thürmchenartiger Aufsatz mit alterthümlich gothischen Fenstern und einem Regeldach, das aus sechs Oeffnungen das Wasser in die oberste Schale wirft, diese speit es aus acht Thierköpfen in die zweite, und diese jetzt aus acht weiteren in die unterste,

Fig. 117.

¹⁄₂₀    ¹⁄₂₀

Profile aus dem Westflügel des Kreuzgangs.

welche die Hälfte der ganzen Kapelle zum Durchmesser hat. An diesem Brunnen wuschen sich die Mönche, ehe sie das Refektorium oder die Kirche betraten. Außen zeigt die Kapelle feine, zarte, mit spitzer Stirn vorspringende Strebepfeiler.

Fig. 118.

¹⁄₁₀

Profile vom Westflügel des Kreuzgangs.

Ueber den Hallen des Kapitelsaals, des östlichen Kreuzgangs-flügels und jenes großen Kellers (s. Grundr.) läuft ein steinernes Geschoß hin mit schmalen, meist veränderten frühgothischen Spitzbogenfenstern und einem durch spitzbogige Blendarkaden gegliederten steinernen Giebel gegen Norden. In ihm befand sich in einer Länge von 210 Fuß das Dormitorium der Mönche, jetzt alles verschwunden; nur in der Ecke, anstoßend an den nördlichen Arm des Querschiffes, erhielt sich ein räthsel-haftes Gemach, das „Faustloch", wo den Dr. Faust der Teufel geholt haben soll, übersprengt von einem starken Rippenkreuz-gewölbe mit Rosettenschlußstein, auf Konsolen ruhend, noch streng im Stil.

Am Nordflügel des Kreuzgangs liegen gegen Norden, außer der schon angeführten früheren Küche und dem Herrenrefektorium, östlich an dieses anstoßend, drei überwölbte Räume. Der erste davon war eine Art Feuerstätte für die darüber liegende Wärm-stube (Calefactorium), die eine große Wohlthat für die Mönche in der kalten Zeit gewesen sein muß; in ihr, die schön von zwei hohen Rippenkreuzgewölben (mit Blätter-

Schnitt durch die Wärmstube bis zur Gruberhalle.

Sulcipe guntheri·virgo

Wandgemälde, aus dem Jahr 1424, aufgenommen vor der Restauration im Jahre 1878, die Stiftung des Klosters darstellend.

schlußsteinen) bedeckt ist, zieht sich an der am Refektorium hinlaufenden Wand auf 3 Fuß Höhe eine breite steinerne Rinne hin und 20 Röhren, die oben verschließbar waren, gehen von hier nach dem unteren Gemach durch den dicken steinernen Boden (s. Fig. 149).

Von der Wärmstube aus konnte durch das Fenster die Wärme in das Herrenrefektorium hinabbringen, außerdem zieht sich an der Ostwand desselben gegen die Feuerstätte eine backofenartige Vertiefung herein, vielleicht zum Warmstellen der Speisen. Die ganze Einrichtung weist darauf hin, daß die Mönche nicht auf Holzersparnis angewiesen waren, und sie ließen vermuthlich die ganze kalte Zeit hindurch das Feuer in der Feuer= stätte, an deren Tonnengewölbe noch starke Brandspuren sichtbar, nicht ausgehen. Auf der Westseite drang dann wieder von der Klosterküche aus erwärmte Luft in das Herren= refektorium.

Fig. 150—151.

Schlußsteine im Nordflügel des Kreuzganges.

Und an der Nordost= ecke liegt malerisch die schon oben beschriebene gothische Steintreppe; sie führt in zwei Armen hin= auf nach dem, bis zum nördlichen Querschiffarm der Kirche einst in einer Länge von 210 Fuß sich ausdehnenden, jetzt ganz verbauten und veränder= ten Dorment, und vor= her links hinüber durch

Fig. 152.

Schlußstein von der Nordwestecke

zwei gewölbte Räume hin= durch (Fig. 149) in das Kalefaktorium, und rechts hinab in eine rippenge= wölbte, von Rundsäulen gestützte Halle des Ost= flügels, vielleicht der Raum für die Abschrei= ber; gemalte Brustbilder von weisen Männern er= scheinen an der Wand, darunter das des Empe= dokles. Dann sieht man

hier neben dichtem grünem Laubwerksgeschlinge: Christus predigend unter Aebten und Pilgern. Fig. 155 zeigt eine schöne Steinkonsole von der östlichen Wand. An den Raum stößt südlich, einst mit ihm zusammenhängend, die sog. Geißelkammer. Ein Wandbild, Christus mit Ruthe und Rohrstab, ist noch sichtbar. An der inneren Leibung des süd= licheren der beiden Rundbogenfenster ist eingemeißelt: JOHANNES DE ROTWIL, bekanntlich Abt des Klosters von 1361—1367 (Klinzinger las noch am Halbpfeiler: Byler 1523). Ursprünglich bildeten beide Räume einen, und dieser war ohne Zweifel einst die Frateria (Bruderhalle), wie eine solche Tscherning in seinen neuesten „Mittheilungen" im Kloster Bebenhausen in der Nähe des Kapitelsaals und der Sprechhalle annimmt. Dieselbe war der „Tagesaufenthalt der Mönche in denjenigen Stunden, in welchen sie nicht durch den Gottesdienst oder Geschäfte an anderen Orten in Anspruch genommen waren."

## Die Gothik in der Klosterkirche.

Als Aeltestes haben wir die über den Arkaden der Herrenkirche angemalten Wappenschilde zu betrachten, zum Theil verwischt und gänzlich abgeblaßt, so daß ihre Farben sehr schwer zu errathen sind; sie gehören den Wohlthätern des Klosters, jetzt meist ausgestorbenen Geschlechtern, an, zeigen zum Theil noch erhaltene, manchmal kaum entzifferbare Ueberschriften in altgothischen fast romanischen Majuskeln, und mögen aus dem Ende des 13. Jahrhunderts stammen. Auf der Südseite sind noch in der Richtung von Osten nach Westen zu sehen:

Fig. 153—154.

Schlußsteine im Nordflügel des Kreuzgangs.

1) Fünf Schilde, jeder mit einer Rose im rothen Feld, die fünf goldene Blätter und einen blauen Butzen hat, Roßwag. 2) Zwei unkenntliche Schilde. 3) Vier Schilde, wovon jeder einen goldenen mit einem Rubin besetzten Ring auf blauem Grund enthält, darüber steht Durmenz. 4) Zwei Schilde, jeder mit einem sitzenden silbernen Bracken im rothen Feld, Brackenheim. 5) Zwei Schilde mit einem Widderkopf. 6) Zwei Schilde mit je einem silbernen Widderhorn auf schwarzem Grund, Zutern. 7) Drei Schilde, jeder mit zwei halbkreisförmigen abwechselnd silbernen und rothen, von einander abgekehrten Bändern in blauem Feld, darüber steht Küngespach (Königsbach in Baden). 8) Fünf Schilde, jeder mit rechts durchschnittenem, in der Oberstelle goldenem, in der Unterstelle schwarzem Feld, darüber steht Bromburg. 9) Zwei Schilde wie Nr. 6, darüber steht Zutern. 10) Zwei Schilde, jeder mit einer Lilie, darüber steht Lunburt (Luneburg, abgegangene Burg auf dem Leinberg bei Kleingartach, O.A. Brackenheim). 11) Zwei Schilde, jeder mit zwei sich kreuzenden Lilienstäben auf rothem Feld, darüber steht Remchingen (s. Fig. 156 —164).

Auf der Nordseite sind in der Richtung von West nach Ost zu sehen: 1) Ein Schild mit schwarzem Adler auf Gold, Jptingen (?). 2) Ein Schild mit drei gelben Schildchen, wovon jedes einen schwarzen Schrägbalken enthält. 3) Zwei Schilde, wovon jeder in schwarzem Feld einen silbernen rechten Schrägbalken führt, der mit drei Paaren von einander abgekehrten rothen Halbmonden besetzt ist, darüber steht Stogsberg. 4) Ein Schild mit goldenem Feld, worauf ein kleiner silberner Schild mit schwarzer Einfassung sich befindet, darüber steht Brethain (= Bretten in Baden). 5) Ein Schild, wagrecht schwarzgestreift in silbernem Feld, darüber steht Wissenstain (= Weißenstein in Baden). 6) Ein Schild (beinahe vergangen) mit einer Raute in goldenem Feld, darüber steht Glabbach. 7) Zwei Schilde, jeder mit fünf runden silbernen Scheiben auf schwarzem Feld, Sickingen. 8) Zwei Schilde mit je einem fast vergangenen großen Stern, vielleicht Sternenfels. 9) Drei Schilde, jeder mit drei silbernen Ringen in rothem Feld, Neipperg,

Fig. 155.

Wandkonsole in der Bruderhalle.

der dritte dieser Schilde hat nur zwei Ringe und an der Stelle des vorderen eine Kanne, und geht vielleicht auf Heinr. v. N., Keller in Maulbronn 1299. 10) Zwei Schilde,

Fig. 156—161.

Wappen im Mittelschiff.

jeder mit zwei senkrechten von einander abgekehrten goldenen Streitbeilen im blauen Feld, Sturmfeder. 11) Zwei Schilde, jeder mit einem goldenen Schwanenhals in rothem Feld, Freudenstein. 12) Drei unkenntliche Schilde. 13) Zwei Schilde mit drei silbernen Sparren in blauem Feld, Ubstat. 14) Zwei Schilde, jeder mit zwei goldenen Querbalken in blauem Feld, Gemmingen. 15) Ein unkenntlicher Schild. 16) Zwei Schilde, jeder mit zwei senkrechten von einander abgekehrten Halbmonden im rothen Feld, Magenheim. 17) Ein Schild mit drei Hifthörnern, Neifen. 18) Ein Schild mit einem faſt verblaßten vierfüßigen Thier (ſ. Fig. 165—178). Mehrere von den jetzt unkenntlichen Schilden waren zu Gabelkovers Zeit († 1616) noch kenntlich, er nennt (Miscellanea I, 398 ff.) noch folgende: Das Wappen der Göler von Ravensburg, der von Sachſenheim, der Grafen von Vaihingen, der von Dalheim, der von Helfenberg, der von Sternenfels.

Rechts im Triumphbogen ſteht das Grabmal des Biſchofs Günther, die flach erhobene Geſtalt in ſtrengem, großartigem, frühgothiſchem Stil gehalten (um 1300, ſ. oben Fig. 1), wenn auch von etwas gezwungener und geſpreizter Bewegung; gegenüber, eine Nachbildung aus dem Anfang des 16. Jahrhunderts, die flacherhobene Geſtalt des Biſchofs Ulrich.

Fig. 165—178.

Wappen im Mittelſchiff.

Ueber dem Grabmal Günthers ſieht man ſodann, wohl aus derſelben Zeit, den h. Chriſto-phorus mit dem Chriſtuskinde im langen Tragröckchen, gar zierlich; der Rieſe eher einem Mädchen ähnlich (Fig. 180). Nicht zu überſehen ſind auch die beiden ſtark verwitterten, prächtigen Flachniſchen in der ſüdlichen Chorwand mit Blätterkonſolen und blumigen Giebeln, ſowie der mit Säulchen an den Ecken verzierte ſteinerne Altartiſch, worauf einſt der Hochaltar (ſ. u.) thronte; er wird gedeckt von einer ganz gewaltigen Sandſtein-platte, die 3,90 m lang, 1,38 m breit iſt, alſo beinahe 14 Fuß bei 5 Fuß Breite mißt. — Die reich mit Schmiedeiſenwerk beſchlagene Thüre, die aus der Südwand des Querſchiffes in eine hier angebaut geweſene gothiſche Kapelle führte, gehört auch hieher. (Fig. 179.)

Sodann brach man, dem Zuge der damaligen Zeit folgend, um die Mitte des 14. Jahrhunderts in die Oſtwand und in die Südwand des Chores je ein gothiſches Prachtfenſter (ſ. Taf. IV), einſt mit ſchönen Glasgemälden geſchmückt und jetzt wieder erfüllt mit wohlthuenden Ziermuſtern.

Dann mag um das Jahr 1400 entstanden sein jener eigenthümliche, halb zertrümmerte, oder nie ganz fertig gewordene Aufbau auf die unten romanische (s. o. Fig. 26) Lettner= schranke im nördlichen Seitenschiff. Vor dieser Brüstung ward ein steinerner Baldachin, von dem jedoch nur noch ein Theil der auf der Brüstung ruhenden Ostwand erhalten ist, errichtet, sowie zwischen ihm und dem Arkadenpfeiler eine sehr schöne reichgegliederte gothische Pforte. An ihr erblickt man links oben jene schon oft gedeuteten Bildwerke: einen Arm mit schwörender (seguender?) Hand, um den sich ein Strick schlingt, und an der, mit schönem Stabwerk belebten Rückseite, an einer Konsole einen listig lächelnden

Fig. 179.

Thüre im Querschiff ¹ ⒑.

Mönch mit einem wilden Thier, an einer andern Konsole das Brustbild eines reich ge= wandeten Laien von edlem Gesichtsausdruck, vermuthlich der Baumeister, Steinmetz, dieses Werkes. Es soll eine Versinnlichung der Sage von der Ueberlistung der Räuber durch die bauenden Mönche sein. Räuber, welche sich dem Bau des Klosters widersetzten, hätten sich auf die Zusage der Mönche, dasselbe nicht aus= zubauen, zurückgezogen, als aber endlich doch das Glöcklein durch das Thal tönte und jene herbeieilten, die Meineidigen zu strafen, wiesen diese auf das Fehlen eines Steines in dem Bau, und die Räuber schonten die listigen Brüder.

Wir treten nun in das fünfzehnte Jahrhundert und kommen damit an die go= thische Umformung der Kirche nach dem Jahr 1420 unter Abt Albrecht IV. Baumeister war Laienbruder Berthold, ein in seiner Kunst wohlerfahrener Mann, der seine Aufgabe nicht ohne Geist löste. Die bis dahin außer in den Querschiffarmen und im Chor flachgedeckte Basilika überspannte er mit Rippengewölben und legte an das südliche Seitenschiff eine Reihe von 10 rippenkreuzgewölbten Kapellen. Das Gewölbe des Hochschiffes stützte er durch Strebebögen, die er an hohe, aus den Umfassungswänden der Seitenschiffe aufsteigende Spitzsäulen anfallen ließ, und so sieht man jetzt aus den Pultdächern der beiden Abseiten eine Reihe mit Blumen besetzter Fialen sich erheben. Das schon genannte Kapellenschiff erscheint gegen außen als ziemlich niedrige Wand mit zehn breiten, von großlöcherigem Maßwerk erfüllten Spitzbogenfenstern, zwischen denen einst wasserspeiende Thiergestalten (man sieht noch Spuren ihrer Tatzen) herausragten. Alle diese Aenderungen und Anbauten sind aus rothem Keuperwerkstein (Schilfsandstein), während der alte Bau ganz aus den schönen grünlichgelben warmtonigen Quadern derselben Gesteinsart besteht.

Im Innern setzte Berthold an die in die Nebenschiffe gekehrten Seiten der romanischen Pfeiler ins Achteck geschaffte Dienste (auch aus rothem Stein), wobei er sich einigermaßen

9

an den ursprünglichen Stil der schon an den Leibungsseiten der Pfeiler vorhandenen romanischen Halbsäulen anschloß; er versah ihre Füßchen auch mit Eckknollen, aber ganz frei, d. h. mit schwungvoll gehaltenen tiefunterschafften Darstellungen von Fröschen, Krebsen, Skorpionen, Blättern, Zweigen und Früchten (Fig. 181—183).

Den Diensten entsprechen an den Umfassungswänden hübsche Konsolen, und darüber spannen sich dann die gothischen Rippengewölbe mit Schlußsteinen. Die erste Konsole

Fig. 180.

Fig: 181—183.

Wandgemälde am Triumphbogenpfeiler der Kirche.

Eckknollen (um 1124).

des linken Seitenschiffes stellt die trefflich gearbeitete, vorkauernde Gestalt eines bärtigen Mannes dar, der in der rechten Hand einen Spitzhammer hält (Fig. 184), ohne Zweifel Meister Berthold selbst. Das netzartige, mit 20 Schlußsteinen geschmückte Rippengewölbe des Hochschiffes geht zum Theil von originellen Konsolen aus; die Schlußsteine aller drei Schiffe, sowie der zehn südlich angebauten Kapellen, enthalten theils reiches Blattwerk, theils Thierfiguren, ferner die vier Evangelistensymbole, der große Schlußstein der Vierung das Lamm Gottes.

Damals wurde auch über der Vierung der nadelschlanke sehr hohe Dachreiter neu aufgesetzt; sein mit Lilien besetztes schmiedeisernes Kreuz schwebt 51,56 m (180 w. F.) über dem Boden. Im Thurm hängen 3 Glocken, die größte, im Jahr 1832 von Neubert in Ludwigsburg umgegossen, hatte die Umschrift (s. Karl Klunzinger, Artistische Beschreibung der vorm. Cisterzienserabtei Maulbronn. Vierte, verbesserte Auflage, München, 1861):

Convocat hoc signum fratres, turbatque malignum,
Ut psallant digne flagrantes pneumatis igne.
Ave Maria gracia plena.
Annis millenis [centum quattuor] quadragenis.
In Nurnberg fusum, Mulebrun sibi vindicat usum.
Magister Conradus Gnockhamer me fudit.
Abbas Johannes de Wormacia.
J. N. R. J. Sanctus Stephanus. Sanctus Nicolaus. Sanctus Lorencius.
Sanctus Bernhardus.

Fig. 181.

Console im nördlichen Seitenschiff der Kirche.
(Meister Berthold.)

Unter den Namen dieser Heiligen waren ihre Bilder und Christus am Kreuz dargestellt mit Maria und Johannes.

Die zweite Glocke (umgegossen 1804 von Neubert in L.) hatte die Umschrift:

Die Vesperglock heis ich
Peter zur Glocken zu Spier gos mich
Anno Domini 1506 iar.

Auf der kleinsten und ältesten Glocke steht in schöner Majuskelschrift:

Cunrat Fuldensis nos fecit, Virgo perennis
Signa tue laudis audis, nec viscera claudis.
Johannes. Lucas. Marcus. Matheus. Adonay.

Gleichzeitig mit dem Umbau, oder doch kurz nachher, hat sich durch hervorragende Werke der Malerei und Holzschnitzkunst die Kirche bereichert und verherrlicht.

Erstlich wurde (um 1424) die ganze Kirche stilgemäß bemalt, wohl auch, um den Eindruck der Ungleichheit zu mildern; man gab den wichtigsten romanischen und gothischen Gliedern die gleiche kräftig graurothe Färbung mit geschmackvollen Mustern in Grün, Blau, Braun und Weiß (meist Blumen- und Blättergeschlinge), den Gewölbemaschen einen reichen farbigen Strahlen- und Blumenschmuck.

Dann aber malte Meister Ulrich an beiden Wänden der Vierung über dem zu den Querschiffkapellen führenden Rundbogen zwei figurenreiche Bilder, südlich die Darbringung der Kirche durch die Stifter, Ritter Walther von Lomersheim und Bischof Günther von Speier (Fig. 185); sie bringen das Kirchenmodell der Maria und dem Kinde dar mit den Worten:

> Suscipe Guntheri, Virgo cum Prole Maria,
> Nec non Waltheri, sic duo vota pia.

Ferner stellt das Gemälde dar die Einkleidung des Ritters Walther von Lomers- heim ins Kloster Maulbronn durch den Abt Diether.

Unter dem Bilde stehen folgende Verse:

> Anno milleno, centeno, bis minus uno
> Sub patre roberto coepit cistertius ordo,
> Spirae Guntherus post hec praesul venerandus,
> Lyningen celebri de comitum genere,
> Ipseque Waltherus de Lamersheim bene natus,
> Quippe virum genuit liber uterque parens,
> Qui seclo valedans, sub Dithero monachizans,
> Fiens conversus se tribuitque sua,
> Anno milleno C semel duodequadrageno
> Appril ter ternis hunc fundavere kalendis
> Terrestrem Mülbrunn, hinc celestem paradisum
> Possideant, Domino gratificante pio.
> Denique milleno, tetra C, duo X, quater uno
> Patre sub Alberto pingitur hic paries,
> Per quem testudo precelsior et laterales
> Sunt quoque perfecte taliter ecclesie.
> Conversis operis Bertholt, Ulrichque magistris,
> Alter depicat, sed prior edificat,
> Virginis ad laudem Matris Prolisque perennem,
> Qui socient patriae nos hilares latriae.

Rechts oben unter der hölzernen Bedachung steht:

> Ditherus abbas primus loci huius.

Also im Jahre 1424 malte Meister Ulrich dieses Bild, somit begann der umfang- reiche Umbau der Klosterkirche durch Laienbruder Bertholt einige Jahre früher, etwa im Jahre 1421.

Der in der Inschrift erwähnte Günther Graf von Leiningen stimmt nicht zu; nach Remling, Geschichte der Bischöfe zu Speier I., 381, war Günther ein Graf von Henneberg.

Mit dem Stiftungsjahr 1138 ist die erste Stiftung der Abtei zu Eckenweiler (s. oben auf S. 5) gemeint; die zu Maulbronn geschah erst 1146—1147.

An der nördlichen Wand ist von demselben Meister Maria mit dem Jesuskinde gemalt, vor ihr die drei Weisen aus Morgenland. Der eine kniet vor dem Knäblein, küßt seine Füße und hat neben sich ein Schatzkästchen, der zweite hält einen Scepter und will eben niederknieen, der dritte läßt sich von einem Diener Kostbarkeiten aus einem goldenen Gefässe geben. Im Hintergrund hält ein zweiter Diener die drei Pferde der Weisen; auch sieht man zwei Kameele, das eine weidend, das andere mit dem Kopf in der Höhe. Unter dem Gemälde steht:

Solem stella parit, aurora diem, petra fontem,
Patrem nata Deum (?), femina virgo virum.
Illius imperium reges venerantur, adorant,
Stupent et dotant tale puerperium.
Duxit stella pios Christi nascentis ad ortum
Tres super apparens ex oriente magos.
Melchior anterior, post Balthasar, hinc quoque Caspar
Aurum, thus, mirram, tres tria dona ferunt.
Mortuus in mirra Christus signatur, in auro
Rex, in thure Deus, sunt tria forma trium.
Dat mirram, qui se macerat, thus quilibet orans
Cum lacrimis, aurum, qui sapienter agit.

Dazwischen die Wappen der drei Weisen mit der Inschrift:

His clarent trinis insignia regia formis.

Beide Gemälde sind bewegt, ergreifend, voll augenblicklichen Lebens, von besonders glücklicher Wirkung der die drei Rosse der Weisen haltende Diener, dann die Einkleidung Walthers von Lomersheim und Maria mit dem halbbekleideten Kinde. Ein weiteres, die Widmung des Gotteshauses an Maria darstellendes, aber fast vergangenes Bild aus derselben Zeit sehen wir außen im Bogenfelde des Hauptportals der Kirche, daran war die schon oben angeführte Inschrift:

Anno domini M. centesimo trigesimo octavo nono Kald. Aprilis Mulibrunnum per Guntherum Spirensem construit

Fridericus Caesar.                                      Waltherus.

Auf dem Schlußstein des Chorgewölbes erblickt man Maria mit dem Jesuskinde und in den vier Gewölbefeldern die vier Evangelistensymbole, was der großen Auffassung nach wohl auch Meister Ulrich zuzuschreiben ist. Weitere stark beschädigte Wandmalereien aus dieser Zeit befinden sich in einigen der zehn südlich angebauten gothischen Kapellen.

In der ersten, an der Ostwand: Christus am Kreuz (mit ungekreuzten Beinen), daneben Maria und Johannes und je ein Bischof; kelchhaltende Engelchen umschweben den Heiland. Die Gestalten sind schlank, lebhaft und edel gehalten, Johannes noch mit der alten Geberde des Schmerzes, die Hand an die Wange legend.

Die zehnte Kapelle war ganz mit Wandgemälden erfüllt, wovon sich leider nur die in den Rippenkreuzgewölbefeldern erhielten und schwache Spuren an der Westwand, hier die Vorgänge in Gethsemane darstellend. Die vier Gewölbefelder aber zeigen in ganz trefflicher Zeichnung acht musicirende langgeflügelte Engel.

In der gewöhnlich verschlossenen neunten Kapelle, die von einem Netzgewölbe mit vier schönen Schlußsteinen bedeckt wird, stehen verstümmelte, halb lebensgroße spätgothische Holzbilder, sie befanden sich einst auf dem Hochaltar und geben reichbewegte Scenen aus der Leidensgeschichte; ebenso eine (ältere) lebensgroße Madonna mit dem halbbekleideten Kinde, ausgezeichnet durch ihren hohen Stil. Die Kapelle dient jetzt als Sakristei.

Fig. 188—191.　　　　　　　　Fig. 192.

Details der Chorstühle.　　　　　Seitenlehne des Abtstuhls.

Die zwei großen Wandbilder Meister Ulrichs wurden im letzten Jahre durch Professor Schmidt von Stuttgart stilgemäß mit feinem Takt erneuert.

In zwei stolzen Doppelreihen ziehen sich, beinahe den ganzen Raum zwischen Lettner und Vierung erfüllend, die Chorstühle, 92 an der Zahl, hin. Sie waren ziemlich gut erhalten, sind in den letzten Jahren durch Bildhauer G. Glos von Stuttgart vollständig und tüchtig wiederhergestellt worden, sind aus Eichenholz geschnitzt, im Stil der Mitte

Querschnitt und Ansicht der Chorstühle.

des 15. Jahrhunderts gehalten und machen eine ganz prächtige Wirkung (Fig. 186, 187). Man bemerkt an ihnen folgende bildliche Darstellungen: Noahs Trunkenheit, den Tanz Davids vor der Bundeslade, das Opfer Kains, den Stammbaum Christi, aus Jesse's Brust emporsprossend, das Einhorn im Schoos der Maria, die Opferung Isaaks, Moses am feurigen Busch, Simsons Kampf mit dem Löwen; an den westlichen Seitenlehnen der inneren Stuhlreihe sind die Brustbilder zweier bärtiger Männer mit Mützen angebracht, die nicht mehr entzifferbare Spruchbänder (mit vergangener einst aufgemalter Schrift) halten, ohne Zweifel die Bildnisse der leider unbekannten Meister dieser reichen und sehr tüchtigen Arbeit; schönes Laubwerk (Fig. 188—191) und kräftige Thierfratzen sind in

Fig. 193.

Haupt des Kruzifixus in der Kirche (1473).

Fülle angebracht, und die hohe Rücklehne der hinteren Reihe wird oben durch feines, gothisch durchbrochenes Gitterwerk belebt. — Aelteres Stuhlwerk, mit einfach edlem gothischem Zierat, steht in der Laienkirche im nördlichen Seitenschiff.

Außerordentlich reich ist dann der jetzt wieder im Chor stehende dreisitzige Abts= stuhl (Levitenstuhl), der in drei hohe (auch wieder hergestellte) Baldachine ausgeht. Be= sonders prächtig sind seine Lehnen und Brüstungen; vergl. auch Aufnahme und Ergänzung von C. Beisbarth im VIII. Jahresheft des württembergischen Alterthumsvereins.

An den hohen Seitenlehnen des Stuhlschrankes steigt üppig rankendes Reblaub mit Trauben, von Thierchen und kleinen Weingärtnern bevölkert, empor, an der andern Seite großartiges langblättriges Distelgewächse; oben sind zwei Wappen, das des Bischofs Günther von Speier und ein unkenntliches (für Günther fälschlich, wie am Gemälde in der Vierung, das von Leiningen) groß angebracht. An der vorderen Brüstung sieht man reiches, „flammendes" Blattgewirr, in das kleine Löwen, Drachen, Hirsche, Vögel, Arm= brustschützen u. s. w. und ein großes Spruchband hineingeschlungen sind; auf diesem steht: Vinea Domini Sabaoth. Flores virtutum carpite, o sacra concio! An den Seitenbrüstungen wächst wieder herrliches Weingewinde und anderes Laubwerk, unten kniet je ein Engel mit dem Wappen von Maulbronn (Cisterz) und von Lomersheim, und oben an der Seitenbrüstung erscheint ein Männlein mit einem Buch in der rechten Hand, ein Stifter, vor sich seinen leider unkenntlich gewordenen Wappenschild (Fig. 192). Auch die drei= getheilte Rücklehne wird von Maßwerk und weiter oben von schönem Laubwerk verziert, in welchem auf drei Bändern steht: Quis iste est rex glorie? Ego sum, qui sum. Vere Deus absconditus.

Vor dem Lettner, am Laienaltar, erhebt sich schwermuthsvoll das zwölf Fuß hohe, aus grauem Keuperwerkstein gearbeitete Krucifix: der Kreuzesstamm ist holzartig behandelt und trägt an seiner Rückseite C. V. S. 1473. Christus erscheint von schöner, etwas voller naturwahrer Körperbildung; sein Haupt ist fast zu groß, etwas ältlich, mit gedämpftem Wehausdruck und ausgezeichnet durch seine herrlichen Locken (Fig. 193). Das Schamtuch flattert in prächtigem Fluge weit hinaus.

Um die Zeit der Sommersonnenwende fallen Morgens zehn Uhr etwa eine Viertel= stunde lang die Sonnenstrahlen gerade auf die Dornenkrone des Heilands, so daß dieselbe in wunderbarem Glanze strahlt, während die sonstige Figur, wie auch das Kreuz in Halb= dunkel gehüllt bleibt.

Manchmal nur im hohen Sommer, wenn der Rosen volle Pracht
Ringsum in der Klostergärten dichtem Buschwerk sich entfacht,
Fallen so die Sonnenstrahlen durch der Kirchenfenster Scheiben,
Daß sie einen Augenblick auf der Dornenkrone bleiben.

Mächtig wie der Frühlingsodem den erstarrten Zweig durchbringt,
Geht ein Leben durch die Krone, die des Dulders Stirn umschlingt;
Und es scheinen in den Dornen, die des Heilands Haupt zerstochen,
Von der Sonne wach geküßt, rothe Rosen aufgebrochen.

Paul Lang.

Vor dem Laienaltare liegt sodann, auch dem 15. Jahrhundert entstammend, der mit Kreuz und Wappen geschmückte Gedenkstein des ersten Stifters, Walthers von Lomersheim (s. o. Fig. 2 und u. bei den Grabsteinen).

Noch sind zu erwähnen die beiden spätgothischen steinernen Altarbaldachine, die je vor dem dritten Arkadenpfeiler stehen, von hübschen gewundenen Säulen getragen und von schönen reich bemalten Sterngewölben überspannt werden; der nördliche, dessen Altar der h. Anna geweiht war, hat den Gremp'schen und Widmann'schen Wappenschild und die Inschrift: Conradus Gremper Civis de Vaihingen. 1501. Innen am Chorbogen liest man die Inschrift: Anno Domini MDX tempore Domini Michaelis Scholl Abbatis renovatum.

# Die Gothik an den übrigen Bauten.

Um das Jahr 1479 wurde der ursprünglichen Klosterschauseite, wie schon oben bemerkt, als eine nordwärts von dem Paradies gehende Verlängerung, ein Gang mit schlichten Rippenkreuzgewölben und mit, den romanischen des Herrenhauses, nachgeahmten Pfeilerarkadenfenstern vorgelegt; der an das Paradies stoßende Theil ist einstockig, weiter gegen Norden wird er zweistockig und von einem hohen, mit großer Kreuzblume geschmückten Giebel bekrönt; starke Strebepfeiler, an einem die Jahreszahl 1479, stützen das Gebäude und gehen in blumige Spitzsäulen aus.

Ferner die spätgothischen Bauten, die unter den Aebten Burrus und Entenfuß errichtet wurden und die spätesten Wandlungen des gothischen Stils in reichen Formen zeigen; das Parlatorium, Oratorium, der Einbau des schon mehrfach erwähnten Herren= hauses seinem größeren Theile nach, und der Winterspeisesaal.

Fig. 191.

Parlatorium, Querschnitt.

Durch den nördlich vom Kapitelsaal hinziehenden breiten Durchgang gelangt man in das schief gegen Nordosten hingestreckte Parlatorium, eine 88 Fuß lange, gegen 20 Fuß breite und fast ebenso hohe Verbindungshalle zwischen Kloster und Herrenhaus. Hier allein, im „Sprechsaale", dessen reiche Fischblasenfenster gegen den wohlgepflegten Garten, den früheren Herrenkirchhof, hinaus gehen, durften die Mönche untereinander und mit Fremden sprechen; er wurde um das Jahr 1493 errichtet in weiten und höchst wohlthuenden Verhältnissen und mit einem viel= und scharfrippigen, tonnenartigen Netzge= wölbe, das noch lebhaft bemalt ist mit Flammen, Adlern u. s. w., dabei einmal die Buchstaben M E S (s. auch Fig. 194—197). An der Ostwand sieht man eine große und großartig angefaßte, leider halbvergangene gothische Malerei: Maria mit dem Jesuskinde, rechts ein Bischof. Darunter wurde später das herzogl. württemb. Wappen groß, vermuthlich unter Herzog Ulrich, als Maulbronn (1504) württembergisch geworden war, angemalt. In der Südwestecke steht ein steinernes Wendeltreppenthürmchen mit der Inschrifttafel:

10

Divae virgini Mariae ac posteritati bene merenti Johannes Burrus de
Brethen Abbas per F(ratrem) Conrad Conversum de Schmye hoc opus erigens
a fundamentis consummavit.

Anno domini MCCCLXXXXIII (1493) L(aus) O(ptimo) D(eo).

Darunter steht: Restaurirt Anno Domini 1862.

Die schön gearbeitete Treppe führt hinauf in das Oratorium; es liegt gerade
über dem Sprechsaal, ist aus derselben Zeit und von derselben Größe, sein reiches und
kräftiges, von Konsolen getragenes Sterngewölbe hat schöne Schlußsteine, auf denen die
ausdrucksvollen Brustbilder der vier großen Kirchenväter, Augustin, Ambrosius, Hierony=
mus und Gregor, und des h. Bernhard von Clairvaux, dann Maria mit dem Kinde,
Blattkränze und ein Engel mit Wappenschild, darauf ein Abtsstab und I O-B (Johannes
Burrus) ausgemeißelt sind, auf einem andern das Zeichen des Meisters, ohne Zweifel

Fig. 195.

Parlatorium, Längenschnitt.

des Conrad von Schmie (s. u.); der 14. Nov. 1506 und 14. Mai 1513 in der Bau=
hütte zu Constanz vorkommende Steinmetze Conrat von Maulbronn (Mone, Oberrhein
5,45) ist wohl ein und derselbe. An einer schönen Engelskonsole (Fig. 198) steht die
Jahreszahl 1498. Die Gewölberippen wurden in unserer Zeit wieder bunt bemalt und
vergoldet, die hohen Maßwerksfenster mit verzierten Scheiben versehen. Am Aeußern
des zweistockigen Gebäudes steigen (jetzt auch wiederhergestellte) Strebepfeiler mit gedoppelten
Spitzsäulen hoch und wirksam empor.

Das zweite Stockwerk des nördlichen Querschiffarms wurde ebenfalls durch Abt
Burrus, aber bei seiner zweiten Amtsführung (1518—1521), zum Bibliothekssaal, der
jetzt noch dafür dient, eingerichtet, mit hoher Decke, die aus zwei spitzbogigen auf Pfeilern
ruhenden Tonnengewölben besteht. Hier zeigt man noch die 1450 gemalte, 1616 erneuerte
Stiftungstafel und ein sehr beschädigtes Altargemälde, die Kreuzigung Christi, vom Jahre 1432.

Die Stiftungstafel, früher in der Herrenstube im Herrenhaus, ist ein Altar=
schrein mit zwei bemalten Flügelthüren; auf dem linken Flügel sieht man außen die
Klosterbrüder im Bau der Kirche begriffen, und auf dem rechten, wie sie von Räubern
überfallen werden und schwören, das Kloster nicht auszubauen. Innen sieht man auf dem

einen Flügel, wie Bischof Günther und Walther von Lomersheim die Kirche der h. Maria darbringen mit den Worten:

Laß dir diß Opfer gnediglichen bevolen sein.

Ad nos flecte oculos, dulcissima virgo Maria,
Et defende tuam, diva Matrona, domum. 1493.

Fig. 106.

Parlatorium (Sprechhalle).

Auf dem andern Flügel sieht man innen den h. Bernhard und Abt Diether vor der Maria knieen und von diesem gehen die Worte aus:

„O Muter Gots empfahe das Opfer".

Auf der Tafel selbst steht mit vergoldeten Buchstaben die Geschichte von der Gründung des Klosters. Gemacht und Geschrieben 1450, Renovata 1616.

Das Herrenhaus, zum Theil noch mit romanischen Theilen, hat in seinem Erdgeschoß einen großen (jetzt verbauten) Saal, dessen aus starkem Eichengebälk gezimmerte flache Decke auf sechs sehr schönen Säulen vom spätesten gothischen Geschmacke ruht; sie haben Würfelknäufe, reich umflochten von gothischem Stab= und Blumenwerk, das sich auch an den Säulenschäften in wechselndem Spiel herabzieht (s. Fig. 199). Die Nordseite des ausgedehnten Gebäudes schmückt ein sehr zierlicher halbachteckiger steinerner Erker (s. Fig. 200); der Schlußstein seines Gewölbes trägt, gleichwie eine jener Säulen, einen den Abtsstab haltenden Entenfuß, das Wappenzeichen des Erbauers, des Abtes Entenfuß. Derselbe ließ auch im Jahre 1517 in der von der Sprechhalle mit dem Herrenhaus gebildeten Ecke die schöne, 1868 erneuerte Wendeltreppe mit hohler Spindel erbauen, sammt folgender Inschrift:

Anno domini MCCCCCXVII sub venerabili Domino Domino Johanne Entenfus Abbate arte et ingenio fratris Augustini hoc opus erigitur.

Fig. 197.

Fig. 198.

Grundriß des Parlatoriums.

Console im Oratorium mit der Jahreszahl 1498.

An die nordwestliche Ecke des Herrenhauses stieß das alte Abtshaus, die spätere Prälatur; die von Abt Heinrich II. 1384—1402 errichtete d. h. umgebaute domus abbatialis, denn, wie oben S. 32 bemerkt wurde, weist ihr Erdgeschoß in romanische Zeit; abgebrochen im Jahre 1751, war sie bis dahin Wohnung der Aebte oder Prälaten. An der noch stehenden hinteren Mauerwand befindet sich ein gothisches Fenster und eine gothische Stabwerkspforte mit der Jahreszahl 1497 (s. auch Taf. V); es befand sich hier vielleicht die Kapelle des Abtshauses.

Dann ist noch zu erwähnen der sog. Winterspeisesaal, jetzt Winterkirche, im zweiten Stockwerk, über einem Theil des Laienrefektoriums und über dem Keller gelegen, innen mit hübschen geradgestürzten Sprossenfenstern und ebener Decke, auch erbaut unter Abt Entenfuß 1512—1518. — Außen gegen Westen sieht man eine Sonnenuhr, an welcher stand: Cum sol non lucet, patientia opus est. Vom Laienrefektorium führte einst jene spätgothische Wendeltreppe herauf, von der sich das reichverzierte steinerne Geländer an der jetzt ins Kloster führenden Treppe befindet; man sieht daran auf einem Schild folgendes Meisterzeichen:

Fig. 199.

Säule im Herrenhaus, unterer Saal.

Fig. 200.

Herrenhaus mit dem von Abt Eulenfuß erbauten Erker
an der Nordseite.

Das zweite Zeichen gehört dem Conrad von Schmie, das dritte wahrscheinlich dem Hans
Wunderer (f. u.).

In der letzten gothischen Zeit wurde dann an den Gewölben verschiedener älterer
Gebäude eine fröhliche, zum Theil schon mit Renaissanceformen spielende Malerei ange-

bracht, wie im Kapitelsaal, im Kreuzgang, in der Brunnenkapelle (1511), im Herren=
refektorium und in der Vorhalle der Kirche (1522).

Hier ist angeschrieben: In laudem Summi Regis Triumphatoris MDXXII.
Ferner ist hier anzuführen, was Tobias Wagner, Evangel. Censur der Besoldischen
Motiven ꝛc. Tübingen 1640, S. 652 schreibt: „Wem das Kloster Maulbrunn bekannt,
der hats können mit seinen Augen sehen, wie in dem Vorhoff selbiger schönen erbauten
Kirchen oben im Schwibbogen unter anderen Gemälden auch eine Gans abgemalt steht,
an welcher eine Fläsch, Bratwürst, Bratspiß und dergleichen hangen, neben einer zur
nassen Andacht wohl gar componirten Fuga folgenden Tenors, mit ihrem unterlegten Text,
gleichwohl nur den initialibus literis „A. V. K. L. W. H. All Voll, Keiner Leer,
Wein Her", — worüber wir J. B. von Scheffel jenes herrliche Gedicht, „die Maul=
bronner Fuge", verdanken.

> „Im Winterrefectorium
> Zu Maulbronn in dem Kloster
> Da geht 'was um den Tisch herum,
> Klingt nicht wie Paternoster:
> Die Martinsgans hat wohlgethan,
> Eilfinger blinkt im Kruge,
> Nun hebt die nasse Andacht an
> Und Alles singt die Fuge:
> A. V. K. L. W. H.
> Completo pocula!" u. s. f.

Seit dem Jahr 1847 bis auf die neueste Zeit wurde das Kloster einer durchgreifenden
und sehr tüchtigen Restauration unterworfen; gar manche der Räume, wie das Laien=
refektorium, waren ganz unzugänglich, das Herrenrefektorium stak tief im Schutte u. s. w.
Die Restauration erfolgte auf Kosten des Staats, wobei besonders die Architekten Beytten=
miller, Kapff, Schöll, Weiß, Berner, seit 1862 unter der bewährten Oberleitung des
Oberbauraths von Landauer, thätig waren.

## Die Grabsteine.

Noch sind zu erwähnen die vielen Grabplatten, die den Boden verschiedener
Räume bedecken, freilich zum Theil stark oder fast ganz abgetreten sind, vor mehr als
hundert Jahren aber abgezeichnet und in einem Band in der Ephoratsregistratur nieder=
gelegt wurden. Es sind die Monumenta Monasterii Mulifontani, primum collecta
et delineata labore Eberh. Frid. Jenisch, Al. Mulifont. Anno 1769. Dank
dieser fleißigen Arbeit ist es möglich, die stark abgetretenen zu ergänzen, oder auch die
Umschrift mancher jetzt leider entfernter Grabplatten anzuführen.

Auf dem Boden des Paradieses sind noch zu erkennen:

Eine Grabplatte ohne Umschrift mit einem Wappenschild, woran zwei Seiher (?)
sich kreuzen, dazwischen eine fünfblättrige Rose.

Eine mit dem Neippergischen Wappenschild; drei Ringe.

Eine mit dem Sturmfederischen; zwei von einander abgekehrte Streitbeile.

Eine mit dem Wappenschild derer von Remchingen; zwei gekreuzte Lilienstäbe.

Eine Platte mit folgender Inschrift und dem reichverzierten helfensteinischen Wappenschild: Anno domini MCCCCCXXXII uf den VII. Tag des Januarij ist gestorben der wolgeborn h. her rudolff grav zu Helfenstein. Des sel ruwe in friden. Diese und die folgenden in gothischer Minnskelschrift.

Vor dem Hauptportal liegen zwei große Platten, auf einer steht: Her Günther bischof zu speier und grav zu lyningen stiffter dis gotshus lit in der sanct heren chor begraben. des sele ruwe in dem friden. Dabei sein Wappen.

Auf der andern Platte steht: Her walther fryr von lamershein ein mitstifter dis gotshus lyt in der bruder chor begraben. des sele ruwe in dem friden. Dabei der Lomersheimer Wappenschild.

Ferner eine Grabplatte: Anno domini MCCCCLXII in der niderlag der heren zu serkenheim starb der jung her Jörg von der Wüttenmüln. des sele ruwe in dem friden. Dabei sein Wappenschild (mit Mühlstein).

Fig. 201.

Hormich.

Dann eine Grabplatte mit der Umschrift: Als man zalt 1570 jar uf den 3. tag junii starb der edel und vest Balthassar von Essendorf. Der letzte seines Stammens. Dem Gott gnedig sey.

Dann nicht mehr lesbar die Grabplatte eines Hans Georg von Baldersheim, Kommendator zu Winenden, † 14. Nov. 1574.

Außer diesen sind vollständig abgetretene Platten vorhanden, von denen uns Jenisch die Wappen aufbewahrt hat, und die zu den ältesten gehören. Es sind Wappenschilder ohne Umschriften, von Dürmenz, Freudenstein, Göler, Vaihingen, Sickingen, Lomersheim, Wappen, die uns schon an den Wänden des Oberschiffes der Kirche begegneten.

Fig. 202.

Luneburg.

Die merkwürdigste Reihe von Grabplatten befindet sich im Kreuzgang, im südlichen und im östlichen Flügel; wir beginnen mit denen im südlichen, indem wir zugleich diejenigen der Aebte bis auf den Schluß aufsparen.

Eine schmale Sandsteinplatte mit einem Kreuz mit Lilienenden und einem Wappenschild, worin zwei gegen einander gekehrte Fische; die Umschrift in gothischen Majuskeln lautet: Anno domini MCCCLVIII idibus januarii octave epiphanie obiit iohannes vocatus hormich piscator civis spirensis. requiescat in pace. (Fig. 201).

Eine sehr schmale Platte mit einem Wappenschild, worauf eine schöne große heraldische Lilie eingeritzt, darunter steht im Quadrat umher in altgothischen Majuskeln: Clauditur hoc tumulo conradus cum ludovico (Fig. 202). [Eine inschriftlose Platte mit demselben Wappen ist verschwunden.]

Die Lilie deutet auf Luneburg (s. o. S. 62). Nach einer Staatsarchivkunde vermacht am 1. August 1241 Ludewic von Luneburch dem Kloster Maulbronn seinen Hof in Northeim als Precarei, gibt, so lang er lebt, jährlich ein halb Pfund Wachs und bedingt sich und seiner Frau hiefür ein Begräbnis im Kloster. Vielleicht deuten auch jene oben S. 25 besprochenen Lilien, welche in die zwei Portale des Klostereingangs eingemeißelt wurden und auf die Zeit um 1201 weisen, auf Luneburg.

Eine Platte mit einem Wappenschild, worauf ein doppeltes Schloß (Fig. 203) dar=
gestellt ist, und der Umschrift in gothischen Majuskeln:
Anno domini MCCCLXXIX III idus ianuarii obiit rudolfus de offenburg.
civis spirensis. amicus huius coenobii. requiescat in pace.

Eine Platte mit der Aufschrift in gothischen Minuskeln: Anna Zum Lamme.
anno domini MCCCCXXXVIII V calend. Marcii obiit in spira.

Eine Grabplatte mit dem Schauenburgischen Wappenschild (darauf ein großes Andreas=
kreuz über einem kleineren Schilde, der von geschuppten Wolken umgeben ist, Fig. 204),
um die Platte steht in gothischen Minuskeln: Anno domini MCCCCLXXII obiit junckher
jörg von schauenburg. bernharts von schauenburg sone, uff sant dionifins tag.

Fig. 203.      Fig. 204.      Fig. 205.

Wäppchen auf Grabsteinen im Kreuzgang (Offenburg, Schauenburg, Sickingen).

Eine Grabplatte mit dem Sickingenschen Wappenschild, der fünf runde Scheiben
enthält, und der Umschrift in gothischen Minuskeln: Anno domini MCCCCXXXI pridie
kalendas augusti obiit jungher Leonhard von Sickingen. her swickers son. voit zu brethein.

Eine Grabplatte mit demselben Wappen=
schild, nur schief gestellt (Fig. 205), und der
Umschrift: Als man zalt von crist geburt
1478 jare uff den fierden tag des monats
augusti ist gestorben der vest junkher swicker
von Sickingen. fant zu brethein. des sele
ruge in dem fried. amen.

Magenheim und Reifen.

Eine Grabplatte mit folgender Umschrift
in altgothischen Majuskeln: Anno domini
M..... VI cal. sept. obiit dominus cun-
rad de bernhusen. spirensis canonicus.
qui mortis poenas exsolvens hic sepelitur (er lebte vor 1277, s. Zeuss, tradi-
tiones Wizenb. S. 306).

Grabstein der Elisabeth
von Speier.

Fig. 207.

Eine sehr alte und sehr schmale Grabplatte
ohne Schrift, mit dem Magenheimischen (zwei senkrecht von einander abgekehrte Halbmonde)
und mit dem Reifenschen Wappenschild (drei wagrechte Hifthörner). (Fig. 206.)

Eine Platte, worauf eine große, in Kreuzesarmen blühende Lilienpflanze mit der
Umschrift in gothischen Minuskeln: Anno domini MCCCCXXIX obiit Elin virgo
de Spira. fautrix hujus Monasterii.

Ganz dieselbe mit der Umschrift: Anno domini MCCCCXXVII obiit Elsabeht
virgo de Spira. fautrix hujus Monasterii. (Fig. 207.)

Eine alte Platte mit fünfblättriger Rose (Roßwag.)

Eine Platte mit dem untern Theil eines Leuchters und der Umschrift in gothischen Minuskeln: Anno domini MCCCCXIIII II nonas decembris obiit venerabilis et egregius frater johannes Mulberg. sacerdos in basilea. professor (us) ordinis fratrum predicatorum. cujus anima requiescat in pace.

Eine Platte mit dem Roßwag'schen Wappenschild und der Umschrift in gothischen Minuskeln: Otto de rosswag hic requiescit. (Fig. 208).

Eine Platte mit der Darstellung eines Priesters und Arztes, der in der Rechten einen Kelch, in der Linken ein Buch hält, unten ein Wappenschild mit einem Hirsch-kopf. Die Umschrift lautet in gothischen Minuskeln: Anno domini MCCCCVIII nonis januarii obiit venerabilis magister burkard de waltorf sacerdos et phisicus. hujus cenobii fidelis amicus. cujus anima requiescat in pace sempiterna. amen.

Eine Platte mit dem Stocksbergischen Wappenschild. (Fig. 209.)

Eine schmale Platte mit dem Wappenschild derer von Dürmenz. (Fig. 210.)

Fig. 208.     Fig. 209.     Fig. 210.     Fig. 211.

Otto von Roßwag.    Stocksberg.    Dürmenz.    Conrad von Remchingen.

Eine Platte mit einem Wappenschild, worauf zwei Lilien sich kreuzen, und der Inschrift in gothischen Minuskeln: Conradus de Remchingen. (Fig. 211.)

Eine Platte mit gothischer Majuskelschrift, die sowohl rings herum als auch in wagrechter Reihe den halben Stein bedeckt; darunter ist ein Kreis eingeritzt, worin zwei Stäbe mit Blumenenden sich kreuzen. Die Inschrift lautet: Anno domini MCCCLX V cal. februarii obiit Pela Gutae Domina . in Domino requiescat. Amen. Anno MCCCLX II cal. februarii obiit Pela, filia ejus, et Anno Domini MCCCLI X cal. augusti obiit Guta, filia praedictae Gutae, et Anno MCCCLXXXVII XV cal. april. obiit Irmela, soror Pelae et Gutae immediate praescriptae. Requiescant in pac e. Amen. (Fig. 212.)

Eine Platte mit dem Wappenschild von Bromburg. Eine Platte mit unleserlicher Majuskelschrift und der Jahreszahl 1313. (Fig. 213). [Eine Platte mit Schild, worauf zwei Neippergische Ringe und eine Kanne (vergl. S. 63), ist verschwunden.]

Eine Platte mit der Umschrift in gothischen Minuskeln: Anno domini MCCCCXIX III cls. octobris obiit venerabilis magister Petrus de Prega, eximius doctor in

11

medicinis studii padauviensis, hujus cenobii fidelis amicus, cujus anima requiescat in sancta pace.

Eine Platte mit Abtsstab und der Umschrift in gothischen Minuskeln:

Aethere sit dignus hic pausans carne Boyngus,
Abbas in euterne, qui spiram basiliense
De synodo rediens deficiebat ibi.

[Eine Grabplatte mit langer Inschrift in Hexametern. Pater Heinricus de Gernstein † 1442, ist nicht mehr vorhanden.]

Dann drei neuere Grabplatten mit großer lateinischer Schrift:

Anno domini MDCXLIII V Idus Januar. obiit F. Mattias Amman Sancte Gallensis, Helvetius, Conversus Lucellensis et Cellerarius Maulbrunensis. Requiescat in pace. Amen.

Anno Domini MDCXXXV. 24 Octobris obiit venerabilis P. F. Joannes

Berod, Lucellensis Professus, post restitutionem hujus monasterii Prior, cujus anima vivat Deo.

Anno Domini MDCXXXV. IVto 8bris obiit venerabilis P. F. Rudolfus Stulmiller, Lucellensis Professus et post hujus monasterii restitutionem Cellararius. Requiescat in pace.

Die Grabplatten im anstoßenden Kapitelsaale sind i. J. 1849 leider entfernt worden, es befanden sich hier von den ältesten und merkwürdigsten; nur noch ein rauhgeschaffter sandsteinerner Sarkophag ohne Deckel ist zu sehen.

Hier ruhten die Aebte Konrad III. von Thalheim († 1353), Heinrich II. von Renningen († 1402), Johann IV. von Winsheim († 1467), Albrecht V. († 1475), Heinrich von Nördlingen († 1557). Ein

Fig. 212.

Grabstein der Vela u. s. w.

Fig. 213.

Auleserlicher Grabstein vom Jahre 1313.

Abt der Restaurationszeit, Christoph Schaller aus Sennheim im Elsaß († 1642). (s. u.)

Dann der Abt Eggehard vom Kloster Neuburg⸱(† 1273), ein Canonicus von Speier Helfric de Dalheim (1291), ein Priester und Rechtskundiger von Speier, Anshelmus de Hergesheim († MCCC . . .), eine Schwester Mergarthis († 1276), ihre Grabplatte hatte die Inschrift:

Hujus amica domus ipsa fidelis erat.
Conferat aeternae Deus illi gaudia vitae.
Amen.

Eine Frau Ella Swrenin von Speier (1345); eine Schwester Jutiba. (Soror Jutida.)

Endlich noch zwei Grabschriften, beide in gothischen Majuskeln:

Petra conditur hac Ulrich cognomine Melsag,
Terris sublatus Christo sit consociatus.

Die andere lautete:

O bonitas Christi, succurre, precor, michi tristi
Ottoni sceleratorie peccata luenti,
Cancellam regni moderans virtute potenti,.

Qui vermis nunc atque cinis vocor ista legenti.

Unde pater venie veniam da te sicienti,

Me saciens, te pane fruens, in luce frequenti.

Im Mittelschiff der Kirche, vor dem Laienaltar, liegt auf dem Boden der ein=
fache, schlanke Gedenkstein Walthers von Lomersheim. (s. o. Fig. 2). Umher steht:
Hie lit bruder walther ein fryr von lamersheim. der erste aufahn und stifter diser
geistlichen sammenunge. des sel ru im friden.

Am Eingang in den Chor ist am südlichen Pfeiler der schon oben S. 64 genannte
keilförmige Gedenkstein Bischof Günthers (s. o. Fig. 1) aufgestellt. Der Bischof, in
reich mit gothischen Stickereien gesäumtem Gewand, hält in der Linken den Bischofsstab,
in der Rechten das Evangelium, sein langlockiges Haupt ruht auf prächtigem Kissen;
vom rechten Arm herab hängt ihm die reiche Stola. Unten kriecht traubentragendes
Rebengewinde, oben steht in altgothischer Majuskelschrift:

Gunther. spiren. epc. fundator h': dom'.

Gegenüber am nördlichen Pfeiler, ohne Zweifel eine Nachbildung aus dem Anfang
des 16. Jahrhunderts, ein Gedenkstein des Bischofs Ulrich, schlanker und besser gearbeitet,
aber weniger ausdrucksvoll. Die Inschrift in Majuskeln lautet:

. Ulricus. positus. spirens. episcopus. hic. est.

Dazwischen liegen auf dem Boden zwei Steinplatten mit schönen eingeritzten Kreuzen
und spätgothischen Minuskeln:

Praesul Guntherus Pater est fundaminis huius.

Auf der andern wieder:

Ulricus positus spirensis episcopus hic est.

Von den vielen Grabplatten und Grabmälern im südlichen Seitenschiff und nament=
lich in den Kapellen der Kirche, die alle aus jüngerer Zeit stammen, nennen wir nur
die von einigem Kunstwerth. Die ganze Reihe der evangelischen Aebte (Prälaten) liegt
in der Kirche begraben.

In der zweiten Kapelle das zierliche Renaissance-Grabmal des Abtes Johann Mel=
chior Nicolai, † 1675 (derselbe hat auch) eine Grabplatte im Mittelschiff), und das des
Abtes Johannes Zeller, † 1694. Auf dem Boden liegen die Grabplatten der Frau des
Verwalters Mathias Bliderheuser, † 1576, und seiner Tochter, † 1581.

In der dritten Kapelle das Grabmal des Abtes Joh. Valentin Harpprecht († 1761)
und des Abtes Adam Lederer († 1774). Auf dem Boden eine hübsche Platte mit
großem, gut gearbeitetem Wappen mit der Inschrift: Anno 1605 den 20 jannarij starb
allhie die ehrn und tugentsam Maria Chastin Christof Binders Abts zu adelberg wittib.
ihres alters 82 jahr. Der Gott gnädig sei.

Dann die Grabplatte des Joh. Albr. Neuffer, Bruder des Klosterverwalters, † 21
Jahre alt. 1588.

In der vierten Kapelle:

Das Grabmal des Abtes Josef Christof Weinland, † 1788, und des Abtes J. Chr.
Mieg, † 1807. Auf dem Boden die Grabplatten des Prälaten Jacob Schroppins,
† 1594, und seiner Frau, † 1583.

In der fünften Kapelle:

Die Grabmäler der Prälaten Hochstetter († 1748) und Schlotterbeck († 1669).

Außen bei der Nordostecke der Kirche der verstümmelte, mit schönem Kreuz gezierte

Grabstein des Swiggherus de Hemertingen, als Maulbronner Mönch urkundlich ge=
nannt 1313.

Hier nun folgen die Grabsteine der Maulbronner Aebte, soweit sie noch in
Monumenten oder Inschriften erhalten sind; die noch vorhandenen liegen alle, mit Aus=
nahme von zweien, bei denen es bemerkt ist, bei den Grabplatten im Kreuzgang. Die
Inschriften der verschwundenen Grabsteine der Aebte, die aber von Zenisch und selbst
von Klunzinger noch abgeschrieben wurden, stehen in eckigen Klammern. Wir geben sie
dem Alter nach:

[Anno domini MCCCLIII die Simonis et Judae obiit dominus Conrad de
Talheim, Abbas huius monasterii. cuius anima requiescat in pace. Amen.
Daranf sein Bild mit einem Buch in der rechten und dem Abtsstab in der linken Hand.]
Viele Schenkungen und Käufe sind unter seiner Amtsführung eingetragen.

Zum Theil noch erhalten ist der Grabstein seines Nachfolgers: Anno domini
MCCCLXXIIII pridie .... Maii obiit dominus Bertoldus . (jetzt bei der Nord=
ostecke der Klosterkirche). Nachdem derselbe in M. resignirt und dort einige Zeit in der
Zurückgezogenheit gelebt hatte, wurde er zum Abt in Bronnbach erwählt und erwarb
sich um dieses Kloster große Verdienste. Altershalber trat er auch dort außer Dienst
und kehrte nach M. zurück.

Anno milleno ter C cum septuageno
Septimo, cum celebris crucis est inventio cunctis,
Heu pater emoritur venerandus et hic sepelitur
Abbas antiquus, domus huius fidus amicus,
De Rotwil genitus. Deus hinc devote precandus
Sedulo per fratres. Pauset cum pace Johannes.

Diese Grabschrift ist eingemeißelt in den Strebepfeiler der Nordostecke der Kloster=
kirche, daneben ein Abtsstab. Johann I. umgab das Kloster mit einer Mauer, auch
kaufte er viele Güter von dem Adel der Umgegend an.

Sein Nachfolger Albrecht III. hat eine Grabplatte mit folgender Inschrift in gothi=
schen Majuskeln und einem von einem Arm gehaltenen Abtsstab:

Anno domini MCCCLXXXVI XV cal. jan. obiit dominus Albertus de
Ruxingen, venerabilis abbas huius cenobii.

[Anno domini MCCCCII, regiminis vero sui anno XVIII, VII kalendas
Augusti, obiit venerabilis pater dominus Henricus de Renningen, abbas huius
coenobii. Requiscat in pace; in gothischen Minuskeln, Arm mit Abtsstab.]

Heinrich II. setzte den Güterankauf von den benachbarten Adeligen im großartigen
Maßstabe fort, wozu noch Schenkungen und Privilegien kamen, ließ das Haus des Abtes
und das des Verwalters umbauen und verwendete Manches zur Zierde des Gotteshauses.

Die Grabplatte (mit Abtsstab) seines Nachfolgers lautet in gothischen Minuskeln:

Bis septingentis domini septem quater annis
Abbas Albertus ex Outensham venerandus,
Cum bene bis denis rexisset sex simul annis,
Junius hunc ternis dedit intumulare calendis.
Gaudeat ante deum, qui praestitit hic jubileum.
Amen.

Albrecht IV. erlangte durch Güterkauf, Schenkungen, Privilegien noch mehr als sein Vorgänger, war auch in Streitigkeiten glücklich. Die Kirchhöfe seiner Orte befestigte er möglichst gut, ließ die Klosterkirche im Jahr 1408 mit einem neuen Altar versehen, im Jahre 1424 erweitern und verschönern, damals dienten ihm die Laienbrüder Berthold als Baumeister, Ulrich als Maler (f. o.). Mit ihm hebt die Blüthezeit der Abtei an.

Die Platte seines Nachfolgers († 1430) mit Abtsstab:

Mille quadringentis domini decies tribus annis
Abbas Gerungus obiit vicena luce novembris,
De Wilperg natus, regnet sine fine beatus.

Die verstümmelte Grabplatte seines Nachfolgers, Johann II. von Geilhausen:

Inclytus orator, abbas quandoque Johannes,
Olim magnanimus, nunc iacet exanimus.
Qui de Geilhausen oriundus, Basiliensis
Concilii missus, cepit amore Dei
Unius ad fidei cultum revocare Bohemos,
Cui lux aeterna luceat in patria. Amen.
Obiit MCCCCXLIII.

Johannes II. wurde um seiner Beredsamkeit, Gewandtheit und seines hohen Sinnes willen im Jahre 1431 auf dem Concil zu Basel damit betraut, die Böhmen in den Schooß der katholischen Kirche zurückzuführen, und unter seiner Mitwirkung kamen die Prager Compactaten, worin den Calixtinern der Kelch erlaubt wurde, zu Stande. König Sigismund ehrte 1431 seine Verdienste, indem er ihn in die Reichsmatrikel aufnahm, und Papst Eugen IV. im Jahr 1438 durch Ertheilung der bischöflichen Insignien nebst der Vollmacht, die vier niederen Weihen zu ertheilen. Er ließ das Krankenhaus in M. bauen und 1432 ein Gemälde für die dortige Kirche fertigen; legte 1439 sein Amt nieder, um frei von der Welt ins Jenseits wandern zu können.

Der Grabstein seines Nachfolgers Johann III. von Worms findet sich nicht im Kloster, wohl aber der des nächsten Abtes, Berthold III. von Roßwag, mit Abtsstab:

Abbas Bertholdus hic pausat carne solutus,
Horum qui fratrum tum rexit ovile sacratum
Annis bis octo plus quoque dimidio.
Hic docuit, monitis solitus praecedere factis.
Anno sex deno C quater Mque secundo
Discessit festo Johan Latin, Deus esto
Huic memor et gratus, ut sit sine fine beatus.
Natus de Rosswag villa.

Berthold III. ließ 1447 ein Gemälde für die Kirche und 1450 die Stiftungstafel fertigen. Nach Bruschius raffte er sich, als er die Nähe des Todes fühlte, von seinem Krankenlager auf, zog seinen weißen Festchorrock an und gieng, unterstützt von einigen Brüdern, andächtig und mit Thränen dem Allerheiligsten, welches der Cantor mit den übrigen Conventualen herbeitrug, entgegen, genoß es in tiefer Anbetung und fuhr dann hin im Frieden. Die Zahl der Mönche betrug unter ihm hundert.

[Die Grabplatte mit Abtsstab seines Nachfolgers:

Anna domini MCCCCLXVII Idus Julii obiit venerabilis pater dominus Johannes de Winsheim, licentiatus atque sacre theologie predicator assiduus, abbasque huius monasterii optimus. Unter ihm ftieg bie Zahl ber Mönche auf 135.]

Die verftümmelte Grabplatte feines Nachfolgers:

De Bretthem genitus, saxo qui premor ab isto.
Abbatis quondam munere functus eram.
Me cedere fecit podagre noxia lues,
Nec amplius lustro patitur esse patrem.
Vos, qui transitis, requiem Nicolao precantes
Dicite sistentes: o super astra vivas!
Obiit XII Calendas Maii MCCCCLXXV.

[Die Grabplatte feines Nachfolgers:
Albertus Abbas obiit VII Cal. Junii MCCCCLXXV, Albrecht V. ließ 1473 das fteinerne Krucifix in ber Kirche zu M. feßen und wohnte im Juli 1474 ber Hoch= zeit des Grafen Eberhard von Wirtenberg in Urach an.]

Die Grabplatte mit Abtsftab feines Nachfolgers Johann V., ber zweimal Abt war, 1475—1488 und im Jahr 1504 ganz kurz; fie lautet:

Anno domini MDVI XV calendas julii obiit venerabilis praesul ac dominus iohannes riescher de laudenburg, in mulbronne quandoque denuo abbas.
cuius anima requiescat in pace.

Die Grabplatte des nächften Abtes, mit Abtsftab: Anno domini MCCCCXCII obiit dominus Stephanus Otinger . cuius anima requiescat in pace.

Dann des nächften ftrengen und bankuftigen Abtes Johann VI., mit einem Arm, ber einen reichverzierten Abtsftab hält:

Anno domini MDXXI XI calend. decembris obiit reverendus in cristo
pater ac dominus dominus Joannes Burrus de Brethein, precipuus religionis
amator et cultor, abbas huius monasterij bene meritus, cuius anima requiescat
in pace. Auch er war zweimal Abt, 1491—1503, und 1518--1521, er ließ Parla= torium, Oratorium, Bibliothekfaal, Pfifterei bauen und 1519 ben Eingang des Klofters mit einem (jeßt beinahe verblaßten) Gemälde fchmücken.

Die Grabplatte des Abtes Entenfuß (1512—1518) mit Abtsftab:

Anno domini MVCXXV pridie nonas februarias obijt venerabilis dominus ioannes entenfus de ewesheim . quandoque huius monasterii abbas. cuius
anima requiescat in pace. Auch unter ihm wurde viel gebaut.

[Die Grabfchrift (mit Abtsftab) des leßten katholifchen Abtes Heinrich III., Reuter von Nördlingen, 1547—1557, lautete:

Anno domini MCCCCCLVII kalend. Aug. obiit reverendus ac pius dominus Henricus de Nordlingen. abbas monasterii Maulbronn, cuius anima requiescat in pace.]

[Die Grabfchrift eines Abtes aus ber Reftaurationszeit lautete:

Anno domini 1612 Kal. Octob. obiit, postquam eodem anno Abbatiam
resignavit, admodum reverendus dominus Christophorus Schaller, ex Sennheim Alsata, Profess. Lucellensis, Prior Uterinae vallis, primus hujus monasterii 1630 iterum restituti catholicus abbas. Requiescat in pace. Amen.]

Endlich wäre zu erwähnen das fteinerne Sühnkreuz, das halbverfunken an ber alten Straße nach Knittlingen, da wo fie von ber Maulbronnerftraße abzweigt, auf dem

früheren Seedamme steht; darauf liest man in erhabener, schwer zu entziffernder Minus=
kelschrift, die mit der unter den Wandgemälden in der Vierung der Kirche, vom Jahr
1424, große Aehnlichkeit hat:

Von gepurt cristi als man zalt MCCCCXXII iar uf sant leonharts tag wart hi
erslagen cunrat von mulbronn . dem got gnedig sei.

Fig. 211.

Frühmeßerhaus mit Blick gegen das Thor.

## Die Nebengebäude.

Wir beginnen an dem Klosterthor. Davor steht rechts an der Straße, diesseits des
Klostergrabens, das frühere Försterhaus, an welchem die Jahreszahl 1469 angebracht
ist; zu Klosters Zeiten soll hier der Kloster=Schuhmacher gewohnt haben. Ohne Zweifel
war es ursprünglich die Wohnung des Thorwarts, da gerade an dem Haus das äußerste
Klosterthor stand, welches die Jahreszahl 1472 trug. Durch dieses Thor gelangte man
zu der über den Klostergraben angelegten Zugbrücke, die jetzt in eine steinerne Brücke
umgewandelt ist und zu dem zweiten eigentlichen Klosterthor führt. Ueber demselben
scheint ein kräftiger Thorthurm gestanden zu sein, der später sichtlich erniedrigt und mit
einem Walmdach gedeckt wurde; aber immer noch wirkt er mit seinem rundbogigen Durch=
gang, über dem ein Rundbogenfries hinläuft, und seinen aus Buckelquadern errichteten
Mauern kraftvoll und bekundet die romanische Zeit seiner Erbauung. An dem Portal
sieht man noch die Fälze, in welche die aufgezogene Fallbrücke eingriff und das Thor
schloß, auch sind noch die Oeffnungen vorhanden, in denen die Ketten zum Aufziehen der
Brücke liefen. Ueberdies scheint noch ein Fallrechen zunächst hinter dem Eingang an=
gebracht gewesen zu sein, der zur weiteren Verwahrung des Thors herabgelassen werden

konnte. Im Durchgang selbst sind auf beiden Seiten rundbogige Nischen, und über dem inneren Spitzbogen sieht man noch Reste jenes Wandgemäldes aus dem Jahr 1519, s. auch die Abbildung auf S. 13.

Durch den Thorthurm trat man in den Vorhof, der links von der Front des Gasthauses, rechts von der Klostermauer und gegen Osten, gegen den eigentlichen großen Klosterhof hin, durch eine zweischiffige Arkadenhalle eingeschlossen wurde. Von diesem Vorhof aus trat man rechts in die erst im Jahr 1813 abgebrochene Kapelle zur heil. Dreieinig=keit, von der noch die untern Theile von reichgegliederten Fenstern und schwache Spuren ehemaliger Wandmalereien sichtbar sind. Sie war schon 1328 im Gebrauch; eine spätere an ihr angebrachte Inschrift lautete: Anno Domini 1480 sub Domino Johanne Riescher de Laudenburg: ohne Zweifel wurde sie unter diesem Abt erneuert. (Den 25. Junius 1328 stiftet der Priester Kunrad von Aldingen 56 Pfund Heller Jahres=zins für zwei Weltpriester in der Kapelle zur heil. Dreieinigkeit am Thor in Maul=bronn und zu einem Jahrstag für ihn selbst. Urk. im Staatsarchiv.) Solche Kapellen fanden sich nach dem Vorgang von Citeaux (s. u.) bei den meisten Cisterzienserklöstern, und hatten den Zweck, dem weiblichen Geschlecht, welchem mit Ausnahme von 9 Tagen zur Zeit der Kirchweihe der Zutritt in das Innere des Klosters ganz verwehrt war, die Betheiligung am Gottesdienst des Ordens zu ermöglichen. Die schöne, im frühgothischen Stil erbaute des Klosters Schönthal ist noch wohl erhalten, die in Bebenhausen wurde 1823 abgebrochen. Links beim Eintritt steht das ehemalige Gasthaus sammt Stallungen und der ehemaligen Klosterwagnerei; jetzt ist im vorderen Theil die Apotheke eingerichtet; es enthält in seiner massiven Giebelseite drei schlanke Spitzbogenfenster.

An die Apotheke grenzt gegen Osten das ehemalige Frühmeßerhaus (Fig. 214), ein reizendes romanisches Gebäude, das noch an der östlichen Giebelseite und an der nörd=lichen Langseite romanische Rundbogenfenster enthält, während ähnliche an der südlichen Langseite in geradlinige verändert wurden. An der Nordseite des Gebäudes erhebt sich in Form eines niedlichen runden romanischen Thürmchens ein Kamin mit schlanken rundbogigen fensterähnlichen Oeffnungen, die unter dem steinernen Spitzhelm herumziehen und dem Rauch den Ausgang gestatten. Das Kamin beginnt im untern Stockwerk des Hauses mit einem schön gearbeiteten spätromanischen Kaminschoß, an dem auch wieder jene Halbmondkonsolen angebracht sind. Zwischen dem Frühmeßerhaus und der Thorkapelle zog sich jene zwei=schiffige Arkadenhalle hin. Reste derselben, romanische Pfeiler und Bögen, erhielten sich an der Südseite des Frühmeßerhauses; im Situationsplan, Taf. V, ist die muthmaßliche Form der Halle eingepunktirt. Durch sie, welche zugleich das innerste Thor bildete, trat man, nachdem man in der Kapelle sein Gebet verrichtet, in den eigentlichen Klosterhof.

Wir setzen unseren Weg im Innern des Klosterhofes, und zwar an der Westseite desselben fort, wo wir im Rücken der Apotheke noch den Rest der ehemaligen Kloster=wagnerei treffen, unter der sich der große, sog. Elfinger Keller befindet. Das ganz massive uralte Gebäude zeigt noch auf der dem Klosterhof zugekehrten Seite den ehe=maligen, jetzt zugemauerten romanischen Rundbogeneingang.

An die Wagnerei stößt die ehemalige Klosterschmiede, ein dreistockiges Holzge=bäude mit steinernem Unterstock, an dem sich ein spitzbogiges Pförtchen erhalten hat.

Nach der Schmiede folgen in gleicher Flucht zwei alte aus Buckelquadern erbaute Oekonomiegebäude; von dem der Schmiede zunächst stehenden gehen unter bei=nahe rechten Winkeln gegen den Klosterhof hinein der ehemalige Marstall, jetzt Rath=

haus, und der ehemalige Haberkasten. Das Rathhaus, ein langes, massives, zwei=
stockiges Gebäude mit schönen Renaissancegiebeln zeigt über einem Fenster des zweiten
Stockwerks: H. P. M. Verwalter. Das Gebäude ist Eigenthum der Gemeinde und
wurde 1839 für seine gegenwärtige Bestimmung eingerichtet; früher war es auch eine
Zeit lang die Amtsschreiberei. Der sog. Haberkasten, ein langes zweistockiges Ge=
bäude mit steinernem Unterstock, zeigt an der östlichen Giebelseite einen schönen Holzbau
mit verziertem Balkenwerk.

An das zweite, oben genannte Oekonomiegebäude stößt nun unter einem rechten
Winkel der sog. Melkerstall, auch Eichelboden genannt, und bildet die nordwestliche
Ecke des Klosterhofs; es ist ein sammt dem westlich anstoßenden Hexenthurm 1441
(s. u.) aus Buckelquadern errichtetes Gebäude mit spitzbogigem Eingang.

Fig. 215.

Klostermühle.

An die Ostseite des Melkerstalls grenzt die großartige, ganz aus Buckelquadern
erbaute Klostermühle (Fig. 215); ein herrliches Gebäude mit 4′ 5″ dicken Mauern
und schönen Giebelblumen auf den spitzen Giebeln; die Mühle hat einen spitzbogigen Ein=
gang und einen jetzt zugemauerten romanischen und stammt, nach den häufig an ihr vor=
kommenden Steinmetzzeichen zu schließen, größtentheils aus der Zeit von 1424 (Umbau
der Kirche).

Zwischen der Mühle und dem ehemaligen Haberkasten steht frei die ehemalige
Pfisterei, aus starkem Eichenbalkenwerk mit steinernem Unterstock errichtet. An der
gegen die Mühle gekehrten Seite ist über der Thüre auf einem Schild zwischen den
Buchstaben J. B. (Johannes Burrus) ein Abtsstab und auf einem Spruchbande steht:
Anno domini MDXXI, unten sieht man das Zeichen des Baumeisters Hans Wun=
derer. Ueber der hölzernen Thüre im zweiten Stockwerk der westlichen Giebelseite ist
in den Sturzbalken ein Spruchband mit der Inschrift: Pax huic domui. Anno
MDXXI schön eingeschnitten. (Maister. hans. vunderer .. wie er sich an der Sakri-

ſtei zu Pfaffenhofen im nahen Zabergäu angeſchrieben hat, baute dieſe im Jahre 1515, ebenſo das Chörchen der Kirche von Zaberfeld auch im Zabergäu gelegen, inſchriftlich im Jahre 1505; damals war er, ſeinem Zeichen nach, ſchon Meiſter; nach Klemm, Würt= temberg. Baumeiſter bis uns Jahr 1600, ihre Werke und Zeichen, in B. II. H. 2 der Schriften des W. Alterthumsvereins, erſcheint er noch 1526 an der Südthüre der Kirche zu Mühlhauſen an der Enz. Seine Werke zeugen von bedeutendem Talent.)

Beinahe in der Mitte des Kloſterhofes ſteht frei auf der Stelle des alten Ver= waltungsgebäudes das dreiſtockige, an den Giebelſeiten vierſtockige, 1742 erbaute Kame= ra la mt.

Hinter dem Kameralamtsgebäude befindet ſich das ehemalige Geſindehaus, mit der Inſchrift: „1550 Hans Remer von Schmir (Schmie)"; das Innere des Hauſes ent= hält eine achteckige Säule, an deren Kapitäl eine Roſette und ein bärtiger Kopf ange= bracht ſind. Zunächſt dabei ſteht die ehemalige Speiſemeiſterei, jetzt in Privat= händen.

Wir gelangen nun wieder zu den eigentlichen Kloſtergebäuden und haben hier nur noch zu bemerken, daß die oberen Räume des Kloſters zu Wohnungen für Profeſſoren, Repetenten, Seminariſten und für Hörſäle u. ſ. w. eingerichtet ſind. — Ueber dem ehemaligen Laienrefektorium an der nordweſtlichen Ecke des Kloſters wurde im Jahr 1813 das Oberamtsgericht mit der Wohnung des Oberamtsrichters hergeſtellt. Zunächſt dabei ſteht ein neueres Gebäude, welches von dem Kloſter gegen Weſten hinausragt und in ſeinem untern Stockwerk den Speiſeſaal für die Seminariſten, im oberen die Wohnung eines Profeſſors enthält; an ſeiner Treppe iſt ein ſpätgothiſches Steingeländer, entnommen jener Wendeltreppe, die vom Laienrefektorium herauf führte.

Hinter (nordöſtlich) dem Kloſter ſteht frei, dem Herrenhaus gegenüber, das ehe= malige, 1588 erbaute herzogliche Schloß, jetzt Oberamtei und Wohnung des Ober= amtmanns, ein zweiſtockiges, auf den Giebelſeiten vierſtockiges, in einfachem Renaiſſance= ſtil gehaltenes Gebäude, das an beiden Ecken der Vorderſeite von runden Thürmen, deren ſpitze Dächer über das Hausdach hinausreichen, flankirt wird; überdies iſt in der Mitte des Gebäudes, an der Vorderſeite ein ſchlanker, thürmchenähnlicher Aufbau mit Renaiſſancebedachung angebracht. Ueber dem wohlverzierten Eingang ſteht die Inſchrift: Mandato illustriss. princip. D. Ludovici ducis a Wirtemberg erecta est haec domus sub abbate Jacobo Schroppfio Vaihingensi anno 1588. Oben an der öſtlichen Giebelwand: Hans Marx Reiffer Verwalter alhie anno 1588. Die gleiche Jahreszahl ſteht auch an der nordöſtlichen Ecke und über der Thüre in das Arbeits= zimmer des Oberamtmanns. Eine Mauer des ehemaligen Kloſterzwingers, jetzt Ober= amteigartens, enthält das gut gearbeitete herzogl. Württemb. Wappen mit der Jahres= zahl 1562. Von hier hinüber an die öſtliche Kloſtermauer treffen wir das ehemalige Pfründ= haus, als nosodocheum, in welchem arme Kranke, wohl auch praebendarii (Pfründ= ner) Aufnahme und Pflege fanden, 1430 von Abt Johann II. erbaut. Das großartige, dreiſtockige, übrigens ſehr vernachläſſigte Gebäude zeigt maleriſch=reichen Holzbau mit vorſtoßenden Stockwerken und ſteinernem Unterſtock; es enthält neben Privatwohnungen im Erdgeſchoß noch eine Badeinrichtung. Innerhalb des Gebäudes führt eine ſchön ge= haltene gothiſche Thüre in den Keller.

Das jetzige Schulhaus, früher die Behauſung des Hof= und Weingartmeiſters, worauf auch die an der Ecke angebrachte Traube hinweist, steht bei der Vorhalle der Kirche an der südlichen Klostermauer.

Zunächst (westlich) an dem Schulhause erhebt sich, ebenfalls an der südlichen Kloster= mauer, der Fruchtkasten mit Kelter und einem sehr ausgedehnten Keller, ganz aus Stein gebaut und mit uralten Mauern, die noch schmale, gedoppelte, meist zuge= mauerte Spitzbogenfensterchen aus der Uebergangszeit enthalten. An der Südwand steht

fig. 216.

Gerenthurm.

über einem der geradgestürzten oberen Fenster: Mathias Bliderheifer Verwalter 1580; die gleiche Jahrszahl kommt noch zweimal an dem Gebäude vor und verräth die Zeit, in welcher dieser großartige, aus dem Anfang des 13. Jahrhunderts stammende Bau eine bedeutende Veränderung erlitt.

Westlich von dem Fruchtkasten gelangen wir endlich an die ehemalige Küfer= meisterei, jetzt Privatwohnung; das hübsche Gebäude wurde an der Nordseite moder= nifirt, während sich die östliche Giebelfeite mit ihrem spitzbogigen Eingang und ihren spitzbogigen Fenstern noch ziemlich unverdorben erhalten hat; auch die westliche Giebel=

wand enthält noch zwei Spitzbogenfenster. Von diesem Gebäude kann man auf den Um=
gang der südlichen Klostermauer gelangen.

Außer den angeführten Gebäuden sind innerhalb der Klostermauer noch einige Privat=
wohnungen und kleinere Nebengebände.

Der ganze Gebäudekomplex nebst sehr ausgedehntem Klosterhof und einigen Garten=
anlagen ist von einer starken Mauer, die Umlauf und Zwinger hatte, und einem tiefen,
ausgemauerten Graben, an dessen Außenseite eine zweite (jetzt abgebrochene) Mauer lief,
umfangen; der Graben konnte mittelst Schwellung der Salzach ganz unter Wasser ge=
setzt werden. An der innern Klostermauer standen zur weiteren Befestigung Thürme,
von denen sich außer dem schon beschriebenen Thorthurm noch folgende erhalten haben:

1) Der südöstliche Eckthurm der Klostermauer, sehr malerisch, und von Ephen um=
rankt, welcher 1604 in einen Lustthurm verwandelt wurde und gewöhnlich der Faust=
thurm genannt wird, weil auch hier nach der Volkssage Dr. Faust sein Wesen ge=
trieben haben soll; ursprünglich ein kräftiger viereckiger Vertheidigungsthurm, zu dem man
auf dem Umgang der Klostermauer gelangen konnte. Laut Inschrift wurde ihm im Jahr
1604 ein rundes Treppenthürmchen angebaut und ein hölzerner Aufbau mit geschweiftem
Bohlendach aufgesetzt (s. auch die Abb. auf S. 3).

2) An der nordwestlichen Ecke der Klostermauer steht der viereckige, ganz aus
Buckelquadern erbaute Hexenthurm, auch Haspelthurm (Fig. 216) genannt; er ist
mit dem auf ihm sitzenden vierseitigen Zeltdach etwa 100' hoch und hat im unteren
Stockwerk 12' dicke Mauern, die sich gegen oben zu einer Dicke von 8' verjüngen. Etwa
50' über der Erdfläche befindet sich ein rundbogiger Austritt und über demselben im
vierten Stockwerk läuft ein Rundbogenfries hin. Von dem Umlauf auf der Klostermauer
gelangte man zu dem Eingang in den Thurm. An der nordwestlichen Ecke des Thurmes
ist folgende Inschrift scharf eingehauen:

Anno domini MCCCCXLI opus hoc cum domo contigua patratum est
sub domino Johanne de Wormacia, huius monasterii Abbate.

3) Der viereckige nicht hohe Mühlethurm bei der Klostermühle.

Endlich ist noch eines Thurmes und eines Thürmchens (Halbrondel) zu erwähnen,
die sich halb zerfallen im Oberamteigarten befinden und ohne Zweifel zur Vertheidigung
des an der Nordostseite in den Klostergraben führenden Thores dienten, und des Rumpfes
eines viereckigen, auch aus Buckelquadern aufgeführten Thurmes an der Südseite, da wo
jetzt die Straße hereinzieht.

Abgegangen ist zu Anfang dieses Jahrhunderts der Judenthurm und der gleich=
falls an der äußersten Klostermauer gestandene Eselsthurm, ein Thorthurm, über dessen
Durchgang ein Maulesel in halberhabener Arbeit angebracht war, daher sein Name (vergl.
auch o. S. 8).

Außer der starken inneren Befestigung um das Kloster bestand nämlich noch eine
Mauer außerhalb, die einen namhaften Theil der nächsten Umgebung des Klosters ein=
schloß; dieselbe lief oberhalb der Klosterweinberge hin, weiter über den Damm am tiefen
See bis zum Judenthurm, von da hinunter gegen die Landstraße, wo sie zum Theil
noch sichtbar, weiter am Eselsthurm vorbei bis zu der sog. Schießmauer und oberhalb
den Kapellengärten hin bis zum Klosterthor; hier schloß sie sich den inneren Be=
festigungen des Klosters an und, diese beim Hexenthurm wieder verlassend, lief sie wieder

DER
TIEFE SEE

Älterephaude des Klosters

die Klosterweinberge hinauf. Die Figur dieser äußersten Umfriedigung nähert sich einem Quadrat.

Das vollständige Klosterwappen ist: Ein Zwerchbalken mit rothen und silbernen Rauten durchschneidet den quartierten Schild nach links. Im ersten Quartier ist ein Brunnen auf Gold, im zweiten und dritten ein schwarzes Feld, das vierte Quartier hat im ersten und dritten Viertel einen silbernen Fisch auf Gold, im zweiten und dritten eine goldene Krone mit goldenem Kreuz auf blauem Feld. (Chorographie von Württemberg, 2. Theil 1591, von David Wolleber. Manusc. der öffentl. Bibliothek in Stuttgart.)

Tafel V. gibt im Grundriß a) sämmtliche Klostergebäude innerhalb der Ringmauer: 1) Thor. 2) Ehemalige Dreifaltigkeitskapelle, jetzt Ruine. 3) Gasthaus und Stallungen, jetzt Apotheke. 4) Frühmeßerhaus, mit Ansätzen des innersten Thores. 5) Wagnerei. 6) Schmiede. 7) Alte Oekonomiegebäude. 8) Hexenthurm. 9) Melkerstall. 10) Klostermühle sammt Mühlethurm. 11) Pfisterei. 12) Haberkasten. 13) Marstall (jetzt Rathhaus). 14) Speisemeisterei. 15) Gesindehaus. 16) Kameralamt, erbaut 1742. 17) Küferei. 18) Fruchtkasten und Kelter. 19) Weingartmeisterei. 20) Kirche. 21) Sacristei. 22) Vorrathskeller der Laienbrüder, oben Winterspeisesaal. 23) Refektorium der Laienbrüder, oben einst die Wohnung derselben. 24) Küche. 25) Herrenrefektorium. 26) Kalefaktorium (Wärmstube). 27) Kreuzgang mit Brunnenkapelle. 28) Kapitelsaal mit Johanniskapelle. 29 und 30) Ehem. Bruderhalle. 31) Großer Keller der Mönche, oben Dorment derselben. 32) Parlatorium, oben Oratorium. 33) Ehem. Abtswohnung, später Prälatur, Ruine. 34) Herrenhaus. 35) Herzogliches Schloß. 36) Pfründhaus (Krankenhaus). 37) Faustthurm. 38) Scheerbrunnen im früheren Herrenkirchhof. b) Außerhalb der Ringmauer: 39) das frühere Klosterwirthshaus, jetzt Gerberei, das, schon im Jahr 1504 von den Pfälzern verbrannt, bald wieder aufgebaut wurde und noch alte Reste in sich birgt. 40) Haus des Thorwarts am jetzt verschwundenen äußersten Thor.

Zur Vergleichung geben wir unter Fig. 217 eine ideale Vogelperspektive von Maulbronn und Fig. 218 (nach Viollet le Duc) eine Vogelperspektive des im Jahr 1098 gegründeten Klosters Citeaux, des Ausgangspunktes der Cistercienser, weil dasselbe große Aehnlichkeit mit der Anlage von Maulbronn zeigt. Durch das äußere Thor (O) trat man in Citeaux in den Vorhof, an den links die Kapelle (D) stößt, und dann durch das innere Thor (E) in den Haupthof (A). Dies Alles scheint in Maulbronn ganz ähnlich gewesen zu sein; am Frühmeßerhause sieht man ja noch die vermauerten (romanischen) Rundbögen und Ansätze zu dem einst gegen die Dreifaltigkeitskapelle hinziehenden Thor. Neben dem inneren Thor breiten sich auf dem Plan von Citeaux die Stallungen (F) aus, welche in Maulbronn auch in dieser Gegend, bei der Schmiede und Wagnerei, sich befanden. — Wandern wir zur Kirche (N), so überrascht auch hier große Aehnlichkeit, nur lagen bei Citeaux die um den Kreuzgang gruppirten Klostergebäude auf der andern Seite, der Südseite. Von der Westfassade der Kirche strecken sich, wie in Maulbronn, lang hin die Vorrathskeller und die Wohnungen der Laienbrüder (G), an die sich in Citeaux die Behausung für den Abt und seine Gäste (H) anschloß; nun folgt, wieder ganz wie in Maulbronn, die Küche (J), daneben das Refektorium (K) und die ins Dormitorium (M) führende Treppe (L); weiter die Zellen der Abschreiber (P) und die Bibliothek darüber; — endlich, getrennt vom übrigen Kloster, das Krankenhaus (R), in Maulbronn gewöhnlich das Pfründhaus genannt.

## Entstehungszeiten.

Nachfolgend geben wir die durch Urkunden oder Inschriften (dann mit einem * bezeichnet) festgestellten Bauten und Kunstwerke des Klosters:

Um 1147 Anfang des Baues der Abtei.

1178 Einweihung der Kirche.

Um 1201* Bau des Kellers und des Laienrefektoriums.

Um 1300* Bau des Westflügels des Kreuzgangs.

Vor 1328 Kapelle am Thor.

Um 1361 führt Abt Johann von Rotweil († 1377) eine Ringmauer um das Kloster.

Vor 1377* meißelt derselbe seinen Namen in eines der romanischen Fenster der Bruderhalle.

Nach 1384 Umbau des Abtshauses und Haus des Verwalters.

1422* Sühnkreuz am alten Knittlinger Weg.

1424* Wölbung des Hauptschiffes und der Seitenschiffe der Kirche, Anbau der zehn Kapellen, Dachreiter, Gemälde des Meisters Ulrich.

1430 Pfründhaus.

1432* Ein Altargemälde (beschädigt, jetzt in der Bibliothek).

1441* Hexenthurm und das Haus daneben.

1444* werden mehrere Gemälde in die Kirche gefertigt, von denen noch schwache Ueberbleibsel in der jetzigen Sakristei.

1450* Stiftungstafel.

1469* Haus des Thorwarts.

1472* Thörlein vor dem Kloster (abgebrochen).

1473* Großer steinerner Krucifixus in der Kirche.

1479* Vorbau an der Westseite des Klosters.

1480* Erneuerung der Kapelle am Thor, zum größten Theil 1813 niedergerissen, Inschrift verschwunden.

1493* Wendeltreppe im Parlatorium, und Gemälde an der Stiftungstafel.

1497* Thüre am ehemaligen Abtshaus.

1498* Konsole im Oratorium.

1501* Die beiden Steinbaldachine in der Kirche, und Schleuse am tiefen See.

1510* Renovation des Chorbogens.

1511* Wiederausmalung des Gewölbes der Brunnenkapelle.

1512—18 Winterspeisesaal, Erker und Saal im Herrenhaus, Fürstengemach und Herrenbad.

1517* Wendeltreppe am Herrenhaus.

1519* Gemälde am Thor (Jahreszahl jetzt vergangen).

Um 1520 Bibliotheksaal.

1521* Pfisterei.

1522* Wiederausmalung der Gewölbe des Paradieses.

1550* Gesindehaus.

1580* Aufbau des Fruchtkastens.

1588 * Herzogliches Schloß.
1604 * Treppenthürmchen am Faustthurm.
1616 * Renovation der Stiftungstafel.

Inschriftlich beglaubigte Baumeister sind Hermannus (nach 1150), Prior Walther (?) und die Laienbrüder Rosenschöphelin und Gotschlag (um 1300), Laienbruder Bertholt (1424), Laienbruder Conrad von Schmie (1493), Bruder Augustin (1517), Hans Wunderer von Pfaffenhofen (1521), dieser durch sein Zeichen, und Hans Remer von Schmie (1550); Maler Meister Ulrich (1424); Bildhauer C. V. S. (1473). Von Glockengießern ist der älteste Cunrat von Fulda, dann Conrad Gnockhamer von Nürnberg (1440), der noch verschiedene Glocken für unser Land goß, und Peter zur Glocken von Speier (1506). Die erste Minuskelschrift erscheint 1402, die letzte Majuskelschrift (auf Grabsteinen) 1387, die erste arabische Ziffer 1432.

Weder durch Urkunden noch durch Inschriften genau bestimmt sind die Bauten des Uebergangsstils, Paradies (erstmals urkundlich, und zwar als „Paradies", im Jahr 1288, Urk. im Staatsarchiv, genannt), Herrenrefektorium und Südflügel des Kreuzgangs, aber sie müssen dem Stile nach, wie auch, wenn wir von der an der Westseite des Klostergebäudes erhaltenen Inschrift, mit 1201, ausgehen, ganz in die erste Hälfte dieses Jahrhunderts fallen; um 1250 scheint nach heftigem Baudrang eine Erschöpfung eingetreten zu sein (vgl. auch oben S. 12 im Geschichtlichen, anno 1244 und 1257 wird von Geldarmut im Kloster berichtet); bis dann gegen das Ende des 13. Jahrhunderts mit dem Kapitelsaal und dem inschriftlich durch Prior Walther errichteten Westflügel des Kreuzgangs das Bauen wieder eifrig betrieben wird, und zwar im edelsten frühgothischen Stil. Ueber die Zeit der Errichtung der schönen Brunnenkapelle und Vollendung der übrigen Kreuzgangstheile wissen wir ebenfalls Nichts, doch weist ihr Stil in die Mitte des 14. Jahrhunderts. Bestimmtes erfahren wir erst wieder im Jahre 1424, beim Umbau der Kirche; für Chorstühle und Abtsstuhl fehlen wieder alle Nachrichten, sie deuten in die Mitte des 15. Jahrhunderts, von wo an bis zum Schlusse fast sämmtliche Werke und Bauten datirbar sind.

## Die Klosterseen.

Rings um das Kloster, wo nur irgend ein Bach geschwellt werden konnte, waren Weiher, oft von bedeutender Ausdehnung, angelegt, von denen jetzt noch vier sich vollständig erhalten haben.

Gerade oberhalb des Klosters liegt, namhaft höher als der Fuß der Klostergebäude, der 8 württembergische Morgen (1 w. Morgen = 0,3152 Hektar) große tiefe See; sein Abfluß, die Salzach, ist mit einer Schleuse versehen, welche die Inschrift trägt: Sub Domino Johanne Burrus de Brethein Abbate. Anno Domini MDI. Derselbe geht durch den Klostergraben, theils in unterirdischen Kanälen durch das Kloster, wo er die Klostermühle treibt, und kann mittelst angelegter Schleusen in die ihm angewiesenen Rinnen geleitet werden. Auf Taf. V sind diese unterirdischen Kanäle eingezeichnet, die punktirten bedeuten die neuen, im Jahr 1881 angelegten.

Höher noch, östlich vom tiefen See, dehnt sich der große, 36, früher 50 Morgen umfassende obere See oder Roßweiher, schwermüthig auf freier Feldfläche liegend.

Unterhalb von ihm war früher ein kleinerer, einige Morgen großer. (Wir entnehmen diese und die unten folgenden Angaben Johann Oetingers Manuskript „Landbuch“ des Herzogthumbs Würtemberg“ vom Jahre 1624.)

Fig. 217.

Closter Maulbronn.

Dann liegt eine schwache Viertelstunde südöstlich vom Kloster, ganz im Walde, der 7—8 M. bedeckende Hohenacker See. Gleich unterhalb des Klosters reihte sich im Salzachthale Weiher an Weiher, von denen die beiden obersten, der Gartensee mit über 5 M., und ein weiterer über 8 M. großer See jetzt zum größten Theile ausgetrocknet sind; dann kamen drei kleine Seen, von denen der größte 2 M. betrug, und weiterhin der jetzt ganz eingegangene 26 M. große Gerhardsweiher und der beim Elfinger Hof

gelegene, einst über 36 M. umfassende, erst im Jahre 1865 bis auf einen Teich aus=
getrocknete Elfinger See. Aber unterhalb des Hofes streckt sich der Aalkistensee
hin, der größte von allen, mit 52 Morgen, und endlich war noch ein verborgenes, nord=

Fig. 218.

Kloster Citeaux.

westlich vom Kloster liegendes Waldthal oben zu Weihern geschwellt. — Von diesen
Seen, die in Stufen über einander lagen (der Spiegel des Roßweihers liegt mehr als
200 Fuß über dem des Aalkistensees), gieng ein weise vertheiltes Netz von Bewässerungs=
gräben aus, von denen sich noch Spuren auffinden lassen (s. auch Taf. I, Maulbronn
und Umgebung).

## Kunstgeschichtliche Quellen.

Stellen wir noch zum Schlusse die wichtigsten kunstgeschichtlichen Werke über Maul=
bronn der Zeit nach zusammen:

Monumenta Monasterii Mulifontani primum collecta et delineata labore
Eberh. Frid. Jenisch, Al. Mulif. Anno 1769 mit Zeichnungen. Manuscript in der
Ephoratsregistratur in Maulbronn.

Das Würtembergische Closter Maulbronn, beschrieben von M. Andreas Gottlieb
Hartmann, Pfarrer zu Eberdingen. Anno 1784 mit Zeichnungen. Mannscript in
der Bibliothek des K. statistisch=topographischen Bureau in Stuttgart.

Das für Maulbronn bahnbrechende Werk, Fr. Eisenlohr, Mittelalterliche Bau=
werke in Südwestdeutschland und am Rhein, Cisterzienserkloster Maulbronn, mit 30 Tafeln
und Artistischer Beschreibung von K. Klunzinger. 1853; letztere in vierter Auflage
erschienen, München, 1861. Ferner K. Klunzinger, Urkundliche Geschichte der vorm.
Cisterzienserabtei Maulbronn, Stuttgart, 1854.

Wegweiser durch das Kloster Maulbronn von I. u. P. Hartmann, Stuttgart
1864, zweite Aufl. 1875.

Beschreibung des Oberamts Maulbronn, herausgegeben vom K. statistisch=topo=
graphischen Bureau, Stuttgart, 1870.

Außerdem wurde Maulbronn vielfach besprochen in den Kunstgeschichten Schnaase's,
Otte's, Kugler's, Lübke's, von letzterem noch besonders in der Fahrt durch Süd=
deutschland, deutsches Kunstblatt, 1855, in H. Leibnitz, die Organisation der Gewölbe
im christlichen Kirchenbau, Leipzig, T. O. Weigel, 1855, W. Lotz, die Kunsttopographie
Deutschlands, B. II., Cassel, 1863, R. Dohme, die Kirchen des Cisterzienserordens in
Deutschland während des Mittelalters, Leipzig, Seemann, 1869. — Abbildungen in
Kallenbach's Atlas zur Geschichte der deutschen Baukunst, München, 1847, ferner in
Kallenbach u. J. Schmitt, die christliche Kirchenbaukunst des Abendlandes von ihren
Anfängen bis zur vollen Durchbildung des Spitzbogenstyls (1850), E. Förster, Denk=
mäler der Deutschen Baukunst, B. VII. (1861) und (von Essenwein) in Mittheilungen
der K. K. Centralcommission zur Erforschung und Erhaltung der Baudenkmale,
VI. Jahrgang, Wien 1861, und endlich in den Jahresheften des württemb. Alterthums=
vereins, H. VIII., Aufnahme des Abtsstuhls von C. Beisbarth.

## Schlußwort.

Werfen wir noch, vor dem Scheiden, einen Blick über das Kloster hin; klar und
bestimmt, ja in diesem engen Rahmen fast erschöpfend, zeigt es uns die Entwicklung, das
Wachsen, Blühen und Ausblühen der Baukunst des Mittelalters. — Eine stattliche Reihe
genannter und ungenannter Meister setzen ihr Bestes ein; vom halbmythischen Mönch
Hermannus (nach 1150) bis hinab zu Hans Remer von Schmie (1550). Vierhundert
Jahre lang haben hier, fern von der friedlosen Welt, gottergebene Männer in tiefer, oft
über ein Leben ausgedehnter Muße gebaut, gemeißelt und gemalt, — so daß es kein
Wunder, wenn wir im Einzelnen die Fülle des Sehenswürdigen nie ganz bewältigen,
bei jedem Besuch, offen am Weg liegend oder dämmrig versteckt, wieder neue Schön=
heiten finden.

Wir sehen die starren rechtkantigen Massen der noch ungetrübten romanischen Bau=
kunst, die flüssige, schwungvoll bewegte Formenwelt des Uebergangs, entstanden durch
plötzlich aus der Fremde (Frankreich) herüberdringenden Hauch, der die Glieder löst und
belebt; ordnungslos eine Zeit lang, dann aber ruht in sich selbst, in siegstolzer Kraft,
die blühende Gothik. Wir sehen sie matt und derb werden und wieder die lustigen spät=
gothischen Hallen, über deren hartrippige Gewölbmaschen eine schon in die Renaissance
hineinspielende Malerei sich fröhlich mildernd ergießt — und nimmer, auch bis zum letzten
Bauwerke nicht, verläßt sie der malerische Reiz, der geheimnisvolle Zauber gedrängt ein=
fallenden Lichts und einfach=schöner Verhältnisse.

Man lernt hier mühelos im Anschauen das Entstehen und Vergehen der Formen;
nehmen wir nur das Fenstermaßwerk und die Säule. Jenes urthümlichst am Laien=
refektorium (um 1201): zwei tiefeingeschrägte Rundbogenfenster dicht neben einander,
darüber ein ebenso tiefes Rundfenster; urthümlich auch noch, genial bewegt und befangen
zugleich, erscheinen, mit eingezwängtem Rund, die Kleeblattfenster des Paradieses, schon
ein Bogen (noch ein halbrunder) darüber; immer noch etwas schwer, aber·voll edelsten
Lebens, die prächtigen Fenster des westlichen Kreuzgangsflügels: zwei leicht gefüllte Bögen
und eine große Fünfblattrosette, von einem Spitzbogen überspannt und noch durch die
Steinwand geschieden, während an den Arkadenfenstern des Kapitelsaals Alles in Maßwerk
sich löst, streng noch, aber voll Anmuth. Bis hieher keine Pfosten, nur Rohrsäulen oder
Säulen mit angesetzten Dreiviertelsäulchen; mit dem Eindringen der Pfosten (mit vor=
gesetzten Rund= oder Birnstäben) wird das Maßwerk noch reicher und freier, aber selten
mehr so rein; dies zeigen die Fenster des Nord= und Ostflügels des Kreuzgangs und die
riesigen Prachtfenster des Chors; dann fallen die Rundstäbe ab, nackte Pfosten verzweigen
sich großlöcherig und breit in den Fenstern der um 1424 an die Kirche angesetzten Ka=
pellen, oder reizender wieder in den Fischblasenmustern der spätesten Bauten zu Ende des
15. Jahrhunderts.

Die Säule, erst als Halb= oder Viertelsäule gebunden an den rechtwinkligen
Pfeiler, am Hauptportal sogar in dessen Kämpferwulstung hineingewunden, wird in der
Kirche schon freier als Halbsäule und als Ecksäule in den Querschiff=Kapellen mit eigenem
Kapitäl (Würfelknauf). Von 1200 an bricht auch sie alle Fesseln, prangt edel und fest
als Doppelsäule im Laienrefektorium, als hohe gewirtelte Rundsäule die Mitte des Herren=
refektoriums entlang und führt nun sofort in diesem und dem Südflügel des Kreuzgangs
an den Wänden ein Leben auf eigene Faust. Rohrsäule wird an Rohrsäule gehäuft, an
die Mauern geklebt, ja sogar bis in die Gewölbe hinaufgeschoben — dagegen erscheint
im freudigsten Gleichgewicht diese schönste Gestalt der Baukunst (die Säule nämlich) in
dem gleichzeitigen Paradies und weiter in dem erst um 1300 erbauten Kapitelsaal und
den übrigen Kreuzgangsflügeln, allein oder als Bündelsäule die Stern= oder Rippenkreuz=
gewölbe tragend. Dann verschwindet sie ganz im Pfostenwerk der Spätgothik, um beim
Erlöschen derselben, zu Beginn des 16. Jahrhunderts, zurückgehend auf den romanischen
Stil, im Entenfußsaal als hohe, mit gothischem Stab= und Blumenwerk umflochtene,
eigenthümlich schöne Würfelknaufsäule noch einmal aufzutauchen.

Wechselvoller noch als die Säule und ihre Verwendung ist die Form ihres Kapitäls;
den Würfelknauf mit glatten Schildern, oder diese mit Sternchen, Rosettchen, Blättchen
geschmückt, begleitet der schwere, von Sailen umschnürte, von kurzem antikisirendem Akan=
thus oder bescheidenem Rebengewind umhüllte. Mit der Stilwendung um 1200 kommt

ohne Vermittlung die Kelch= oder umgestürzte Glockenform auf, überzieht sich mit man=
reskem Akanthus und keck hinausgreifenden Blätteraufrollungen, stark stilisirt, phantasievoll
und prächtig, dann in der Frühgothik, und gerade in Maulbronn wunderbar schön und
merkwürdig reich, mit einem Zierwerk, das den verschiedensten wildwachsenden Pflanzen
streng nachgebildet wurde, im Lauf des 14. Jahrhunderts immer loser und lockerer wird,
bis es im 15. vollends verschwindet. — Aehnliche Wandlungen des Laubwerks zeigen die
so zahlreichen und meist ganz herrlichen Schlußsteine, nur daß an ihnen beim Loserwerden
in den Lücken figürlicher Schmuck, erst Thier=, dann Menschengebilde, sich vordrängt und
schließlich unbestritten die ganze Stelle behauptet.

Wie im Besonderen, so gibt auch im Großen Stil und Stellung der verschiedenen
Bauwerke immer neue stimmungsvolle Einblicke, überraschende Durchsichten, malerische
Gruppen; und dabei sind diese Bilder der Kunst meistens nicht allein, sondern unauflöslich
verknüpft mit denen der Natur und prägen sich deßhalb um so unauslöschlicher in die
Seele; sei es, daß wir Rast halten unter den Linden, vor uns die Vorhalle mit den
rohrschlanken Säulen, im Garten des Kreuzgangs wandeln bei blühenden Rosenbüschen
und dem Gemurmel des dreischaligen Brunnens oder im großen Ephoratsgarten unter
rauschenden Wipfeln am ephenumsponnenen Faustthurme träumen, bestaunend den Ernst
der Kreuzarme der Kirche, oder daß wir einsam im Abendroth über dem Spiegel des
tiefen See's nur noch die Spitzen des Klosters auftauchen sehen. Am schönsten im Herbst,
wenn die Blätter fallen und die Vergänglichkeit des Naturlebens zusammenstimmt mit
dem Geist, der diese von der Zeit verlassenen Hallen in sanfter Wehmuth durchflüstert.

Ostflügel des Kreuzgangs.

# Geschichtstafel.

## Reihenfolge der Aebte und der Hauptbegebenheiten.

(Vergl. hiezu das oben gegebene Geschichtliche, sowie die Regesten in Klunzingers urkundlicher Geschichte von Maulbronn.)

1138, im Frühjahr zieht Abt Diether, von Walther, Freiem von Lomersheim, gerufen, mit zwölf Mönchen und einigen Laienbrüdern von Kloster Neuburg im Elsaß in Eckenweiler ein.

1147, vor Mai, siedeln die Mönche von Eckenweiler nach Maulbronn über.

1148, 29. März, gibt Papst Eugen III. zu Rheims dem Kloster Maulbronn eine Schutz= bulle und Zehentfreiheit (Wirtemb. Urkundenbuch.)

1151 (und wieder 1157) wird Kloster Bronnbach an der Tauber von Maulbronn aus bepflanzt.

Um 1153 genehmigt König Friedrich I., daß das dem „Ludevicus de Werteneberch" (Wirtenberg) gehörende Eigengut Brache (bei Thamm, O.A. Ludwigsburg) an der Stelle von Elvingen reichslehenbar, und dieses sammt der Kirche des Orts Eigenthum der Kirche in Mulenburne (Maulbronn) werde. W.U.B.

1156, 8. Januar, Speier, nimmt K. Friedrich I. das Kloster in seinen Schutz.

1157 wird Kloster Schönthal an der Jagst gestiftet und von Maulbronn aus bepflanzt.

1161, 16. August, stirbt der große Wohlthäter des Klosters, Bischof Günther von Speier, und wird hierauf im Kloster Maulbronn beigesetzt.

1178, 14. Mai, Einweihung der Klosterkirche durch Erzbischof Arnold von Trier.

1178 Abt B. oder D.

1192 Abt E. oder F.

1196 Abt Conrad I.

1212 wird der geächtete Abt von Maulbronn, Johannes von Neipperg, von seinen Unter= thanen in Weißach getödtet. — Gedenkstein in Weißach.

1219 Abt M.

1232 Abt Gozwin.

1233, Maulbronn, stiftet Heinrich von Roßwag mit seiner Frau Hedwig dreißig Mark Silber zu reichlicher Versehung aller Altäre der Kirche in M. mit Wein, Frucht und Wachs, und gibt bis zum Aufkauf des hiezu bestimmten Gutes jährlich 40 Malter Waizen. (Staats=Archiv=Urkunde.)

1234 Abt Sibfrid I.

Vor 1236 überträgt der Bischof von Speier die Unterschirmvogtei über Maulbronn an Heinrich von Enzberg.

1244 Abt Berthold I., Mmut.

1244, 19. April, inkorporirt Bischof Konrad V. von Speier dem Kloster M. wegen seiner jämmerlichen Armut an Lebensmitteln den Kirchensatz zu Luzheim. (Urkunde im Archiv zu Carlsruhe.)

1246 wird Kloster Frauenzimmern im Zabergäu dem Abt von M. untergeben.

1252, 2. Mai, legt Heinrich von Enzberg das Schutzrecht über das Kloster nieder, nachdem er die ihm dafür verpfändete Summe von 330 Pfund Heller erhalten hat. St.A.U.

1252, 2. September, Maulbronn, erhält derselbe von Bischof Heinrich II. von Speier das Schutzrecht unter gewissen Bedingungen wieder. St.A.U.

1253 Abt Heinrich I.

1253, 6. Februar, Maulbronn, schenkt G. der Edle von Reisen mit seiner Frau Mechthildis dem Kloster in Anerkennung der besonderen Heiligkeit und Sittenreinheit der Brüder ein Juder Wein zum Opfer und ein Malter Waizen zu Hostien.

1254 Abt Gottfried.

Um 1254 gibt Papst Alexander IV. dem Kloster das Recht, daß kein Bischof oder sonst Jemand daselbst Gericht halten dürfe, und das des Burgfriedens.

1255, August, erneuert in Anagni Papst Alexander IV. die Bulle wegen Gewaltthätigkeiten gegen das Kloster. St.A.U.

1257 Abt Egenhard, später Abt von Neuburg; liegt in Maulbronn begraben.

1257, 1. März, Speier, entlehnt Abt E. und sein Convent wegen unerträglicher Schulden, besonders bei Juden, und hiedurch verursachter schwerer Zinse von Gertrudis, Wittwe des Merkelin, genannt Simeler zu Speier, und ihren Kindern 90 Pfund Heller. St.A.U.

1268 Abt Albrecht I.

Um 1269 erhält Heinrich von Enzberg (II.) das Schutzrecht über M., übt aber mit seiner Familie Gewaltthätigkeiten gegen dasselbe, worauf Bischof Heinrich II. von Speier die von Enzberg befehdet. St.A.U. (vom 15.—17. Mai 1270).

1275 besucht König Rudolf das Kloster.

1276 Abt Hilbebrand.

1278 Abt Eberhard.

1280 Abt Walther.

1281 Abt Sigfrid II.

1282 wird die bis jetzt Maulbronn unterstehende Abtei Schönthal der Abtei Kaisersheim unterworfen.

1287 Abt Rudolf.

1288, 21. Mai, im Paradies der Kirche wird ein Streit des Klosters mit den gestrengen Herrn von Enzberg und den Bewohnern von Durne (Dürrn) wegen Gütern bei Durne zu Gunsten der ersteren entschieden. St.A.U.

1294 Abt Conrad II.

1299, 11. Oktober, Eßlingen, erlaubt König Albrecht dem Kloster Maulbronn in Anerkennung der dort herrschenden Ehrbarkeit und Frömmigkeit, des Jahrs einmal ein Schiff auf dem Rhein zollfrei zu führen. Besold, 1, 810 ff.

1299, 13. November, Eßlingen, erlaubt derselbe dem Kloster, eine außerordentliche Steuer auf seine Dörfer umzulegen, weil es ihn bei seiner Reise durch sein Gebiet würdig und freundlich bewirthet hat. Besold 1, 811 ff.

1302 Abt Reinhard.

Um 1306 Abt Albrecht II.

Vor 1313 Abt Wilent.

1313 Abt Heinrich II. von Calw.

1319, 27. März, Avignon, gibt Papst Johann XXII. dem Kloster Freiheit von den Schulden, die es bei den jüdischen Wucherern Moeßelin und Moyses von Hagenau hat. St.A.U.

1325 Nochmalige Verpflichtung der Enzberger zum Schirm des Klosters.

1330 Abt Conrad III. von Thalheim.

1358 Abt Berthold II. Kuring, später Abt in Bronnbach.

1360 Abt Ulrich von Ensingen.

1361, vor 31. Mai, löst Kaiser Karl IV. die Vogtei über Maulbronn von den Grafen von Wirtenberg, denen sie verpfändet ist, ein, um sie an Kurpfalz zu übertragen.

1361 Abt Johann I. von Rotweil.

1365 besucht die deutsche Kaiserin das Kloster.

1376 Abt Albrecht III. von Riexingen.

1383 Abt Marquard.

1384 Abt Heinrich III. von Renningen.

1402 Abt Albrecht IV. von Oetisheim.

1428 Abt Gerung von Wildberg.

1430 Abt Johann II. von Gelnhausen.

1439 Abt Johann III. von Worms.

1445 Abt Berthold III. von Roßwag.

1452, 12. September, Cisterz, genehmigt das Generalkapitel die Abtretung des Kl. Päris von Lützel an M. St.A.U.

1460, März, überfällt Graf Ulrich von Wirtemberg das Kloster und brandschatzt es.

1462 Abt Johann IV. von Wimsheim.

1467 Abt Nikolaus von Bretten.

1472 Abt Albrecht V.

1475 Abt Johann V. Riescher von Laudenburg.

1488 Abt Stephan Oetinger.

1491 Abt Johann VI. Burrus von Bretten.

1503 Abt Johann VII. Umbstatt, flieht 1504 vor Herzog Ulrich von Wirtemberg.

1504, 4. Juni, ergibt sich die pfälzische Besatzung von Maulbronn an Herzog Ulrich.

1504 Johann V. zum zweitenmal Abt, von Herzog Ulrich nicht anerkannt.

1504 Abt Michael Scholl von Vaihingen.

1507, Constanz, wird Maulbronn dem Herzog Ulrich vom Kaiser zugesprochen und über= geben. Steinhofer 3, 915 ff.

1512 Abt Johann VIII. Entenfuß von Unteröwisheim.

1518 Johann VI. Burrus wiederum Abt.

1519, 10. Mai, brandschatzt Franz von Sickingen das Kloster.

1521 Abt Johann IX. von Lienzingen.

1525, April, machen die Bauern mehrfach einen Einfall im Kloster.

1525 verläßt Valentin Vannius von Beilstein das Kloster und wird evangelisch: von 1558 an erster evangelischer Prälat von Maulbronn.

—  104  —

1531, 27. Juni, verkauft die Familie Swarherd zu Bretten für sich und Meister Philips Melanchthon zu Wittenberg an den Abt Johann von Maulbronn den Stegersee. St.A.U.

1532 stellt der Abt von Maulbronn sein Contingent zum Türkenkrieg, bestehend aus 10 Reitern und 44 Fußgängern.

1533, 6. April, freit Markgraf Philipp I. dem Steinmetzen Hans von M. seine Güter und Person. Mone, Oberrhein 3, 45.

1535 theilweise Einführung der Reformation in Maulbronn.

1537, 3. Februar, Cisterz, verordnet Abt Wilhelm von Cisterz die Versetzung des Klosters Maulbronn nach Päris.

1547, 13. September, wird Heinrich IV. Reuter von Nördlingen Abt von Maulbronn und Päris.

1557, 29. Juli, wird der evangelisch gesinnte Abt, Johann Epplin von Waiblingen, genannt Senger, gewählt.

1558, 19. Januar, wird M. in eine evangelische Klosterschule verwandelt.

1564, 10.—17. April, Colloquium im Winterspeisesaal zwischen den lutherischen Theologen Wirtembergs und den calvinistischen der Pfalz.

1576 Maulbronner Concordie, eine Vorarbeit der sog. Concordienformel.

1586—89 ist Johannes Kepler, der spätere berühmte Astronom, Klosterschüler in M.

1621 hausen Mannsfeld's Schaaren im Maulbronner Amt.

1630, 14. September, besetzt Christof Schaller als katholischer Abt mit einigen Mönchen von Lützel das Kloster.

1632, 7. Januar, werden dieselben durch die Schweden vertrieben.

1634, 6. September, kehrt Schaller zurück.

1648, 14. Oktober, wird das Kloster Wirtemberg wieder zugesprochen.

1656 wird die Klosterschule wieder hergestellt.


### Zusatz zu Seite 43 oben.

In dem an die Kirche angebauten Kreuzgangsflügel wurde jeden Abend vor dem Schlußgottesdienst die sog. geistliche Lesung (lectio) abgehalten, d. h. es wurde unter dem Vorsitz des Abts ein entsprechender Abschnitt aus einem Werke erbaulichen Inhalts vorgetragen. Von diesen Vorlesungen erhielt die Halle den Namen „Lesegang.“ Für die Zuhörer waren auf beiden Seiten des Ganges Sitzbänke von Stein oder auch von Holz angebracht und weil die bis zum Boden herablaufenden Halbsäulen den freien Gebrauch der Sitzbänke gehindert haben würden, traten an ihre Stelle die Konsolen, wie wir es in Maulbronn an der Außenwand der Kirche sehen. — In den Kreuzgangshallen fanden ferner die Fußwaschungen statt, welche die Mönche jeden Sonnabend an sich, jeden Gründonnerstag an den Armen vorzunehmen hatten. Es lag nahe, den mit Bänken versehenen Lesegang dafür zu benutzen; so finden sich eben in Südflügel des Maulbronner Kreuzgangs in den Fensterbänken zwei Ausgußsteine; zwei schön gearbeitete konsolenartige Ausgußsteine erhielten sich im Bebenhauser Kreuzgang, einer auch im Kreuzgang des österreichischen Cistercienserklosters Zwetl (vergl. Tscherning, a. d. a. O.).